HSU

ハリウッドから学ぶ 世界No.1の遺伝子

Learning the secret of becoming the best in the world from Hollywood Business

中田昭利
Akitoshi Nakata

まえがき

2015年4月、幸福の科学が運営する高等宗教研究機関ハッピー・サイエンス・ユニバーシティ（以下、HSU）が開学しました。海と自然が広がる千葉県長生村《ちょうせいむら》に新しくできた美しい施設で、若者たちが日々、自己研鑽を重ねています。その授業内容はほかの大学とは一線を画す感動溢《あふ》れるものです。2015年12月に発刊されたHSUの講義を紹介する『HSU 未来をつくる授業』でも書かれているように、授業のあとに大きな拍手が起きることも珍しくありません。

HSUは今年、2年目に突入しましたが、はやくも新しいチャレンジをしています。4月から、人間幸福学部、経営成功学部、未来産業学部の3学部に続いて、新たに「未来創造学部」を開設。同学部は、「政治・ジャーナリズム専攻コース」と「芸能・クリエーター部門専攻コース」の2つに分かれており、私は芸能・クリエーター部門専攻コースでコース長として教鞭をとっています。

ＨＳＵ未来創造学部「芸能・クリエーター部門専攻コース」の未来ビジョンは、世界の映画産業の中心地、ハリウッドを超えた遙《はる》かかなたにあります。

そのようにいえば、「何を夢みたいな」とたしなめられそうですが、いえいえ、私たちは本気です。私たち芸能・クリエーター部門専攻コースの使命は、日本から世界へ「新しい美の価値基準」を発信することと、「人々を幸福にする文化モデル」を探究し具体化することです。そしてＨＳＵの使命は、大川隆法・幸福の科学グループ創始者兼総裁の仏法真理に基づき、新しい文明を拓くところにあります。この壮大な未来ビジョンを実現するお手伝いができることに、大きな喜びを感じています。

本書では、ＨＳＵ創立者である大川総裁の仏法真理をベースに、小田正鏡《しょうきょう》ビジティング・プロフェッサーの著書『感動を与える演技論』と同様、ウォルト・ディズニーやその他の映画監督などの霊言を取り上げ、ハリウッドから世界No.１の遺伝子を学びます。

そして、ハリウッドを乗り越えて、日本で新たなルネッサンスを起こすための道筋を示したいと考えています。それは、日本が世界のリーダーになるということをも意味しています。

新しい未来を創造するために、ともに精進していきましょう。

2016年3月28日
ハッピー・サイエンス・ユニバーシティ プロフェッサー
未来創造学部 芸能・クリエーター部門専攻コース担当局長
中田昭利

もくじ

もくじ

第2章　ウォルト・ディズニー「5つの遺伝子」

第3章

未来を創造する感性の力

※文中、特に著者名を明記していない書籍については、
原則、大川隆法著となります。

第1章

ハリウッド映画産業「5つの強さ」

新しい文化を創造する夢の未来ビジョン

「HSUに映画制作を教えるコースができる」――。そう聞いたとき、私は胸が躍るような喜びを感じました。大川総裁が説かれる仏法真理に基づいた、宗教的価値観溢《あふ》れる映画づくりを実際に研究・教育していく専攻コースを開設するという、そのすばらしいビジョンに大きな感動を覚えました。

ここで、私の経歴を簡単に述べておきます。私は、大学の学部生時代（一橋大学社会学部）、音楽や映画を中心に日本の若者文化について研究しました。1960年代に青春時代を過ごした世代として、欧米から入ってきたロックミュージックに強い影響を受けたからです。

大学卒業後はテレビ朝日系列の音楽出版社・株式会社テレビ朝日ミュージックに就職し、音楽の制作関係や著作権管理についての仕事をしていましたが、10年ほど経った頃、音楽や映画のビジネスを世界規模で展開するような場所に触れてみたいと感じ始めました。「エンターテインメントで世界最高峰のハリウッドに行ってみたい」と思うようになり、社会人として働きながら英語を猛勉強して、ハリウッド留学にチャレンジすることにしました。

36歳になった1991年夏、有名な映画学科があることで知られるアメリカ、カリフォルニア州ロサンゼルスにあるUCLA（カリフォルニア州立大学ロサンゼルス校）の経営大学院に無事合格。ゼネラルマネジメントコースでエンターテインメント系の授業を中心に受講し、MBA（経営学修士）を取得しました。

修士論文はハリウッド映画「フィールド・オブ・ドリームス」（1990年日本公開）で製作総指揮をされたプロデューサーを顧問に、「外国の映画スタジオがどうすればハリウッドと戦えるか」というテーマで研究論文を執筆。その後、私が大学院受験をするときにインタビュー面接をしてくれたUCLAの教員（元ウォルト・ディズニー・スタジオ社員）の推薦もあって、ウォルト・ディズニー・ジャパン株式会社に就職することになりました。

２０００年からは、ディズニー・ミュージック・グループで日本・アジア統括代表を務め、アジア全体におけるディズニー映画に関連する音楽部門の管理責任者となりました。その間に、日本発の新規事業としてディズニーのコンサートイベント「ディズニー・オン・クラシック」を手がけ、以後今日《こんにち》まで10年以上にわたって毎年日本全国、及びアジア各国にまで長期演奏旅行を実施する世界最大のオーケストラコンサートイベントになるなど、数多くの経験を積むことができました。

現在でも、ディズニー社はハリウッド№１のコングロマリット企業として世界市場に君臨しています。ディズニーに勤務し、愛と夢溢れる企業理念のもと、まさにエンターテインメント産業の中心で仕事ができたことはとても貴重な経験だったと思います。

しかし２０１０年、私はウォルト・ディズニー・ジャパンを退社することを決断しました。

長年、大川総裁の説かれる仏法真理を学んでいた私は、定期的に幸福の科学の精舎※研修に参加して自分の人生を振り返っていたのですが、あるとき「このまま人生を終えていいのだろうか」という思いが込み上げてきたのです。そして、「もし許されるのならば、幸福の科学のユートピア活動を、もっとお手伝いさせていただきたい」と考えるようになりました。

幸いにも幸福の科学の職員になることをお許しいただき、いくつかの部署を経て、2016年4月よりスタートするHSU未来創造学部「芸能・クリエーター部門専攻コース」に参画することになりました。

※精舎とは、研修や祈願を通じて心を深く見つめ、霊天上界と交流し智慧を得るための幸福の科学の宗教施設。

映画制作を通して日本を「世界No.1の文化大国」へ

HSU未来創造学部「芸能・クリエーター部門専攻コース」では、学問の本質である「真・善・美」のうち、主に美を中心とした使命を担っていきます。

大川総裁の本コースの使命についての言葉をご紹介します。

「真理とは何か」「善とは何か」「美とは何か」ということを探究していくところに、学問の本質があるのです。

（『幸福の科学大学創立者の精神を学ぶⅡ（概論）』38ページ）

やはり、「多くの人々を惹《ひ》きつけてやまない感性的なるものは何であるか」という研究にも、入っていく必要があるのではないかと思います。

（2015年4月4日法話「ニュー・フロンティアを目指して」）

つまり、本コースは「真・善・美」や「感性的なるもの」の探究を通じて、HSUにおける芸能・芸術などの文化の側面を担うコースということになります。

世界の人々を幸福にする新たな文化モデルを探究し、それを具体化することがこのコースのミッションということです。

具体的には、総合芸術といわれる「映画」をカリキュラムの中心に位置づけています。俳優・タレントなどのスターや、映画監督・脚本家などのクリエーターの輩出を通して、日本を世界No.1の文化大国に押し上げたいと考えているのです。

さらに大川総裁は、映画と表現美の力について以下のように述べています。

映像にすると、CGまで入ってきたりして、なかなか迫力があるので、現代小説の場合、「美」という観点から見れば、映像化した作品のほうが美しいものが多い。やはり、俳優が一生懸命に演じているということもあるし、CG効果とか、いろいろな特撮とかが入ったりしているのもありますよね。さまざまなアングルから撮るといった、監督の「カメラ美学」なども入るんだろうと思います。あるいは、「脚本の力」もあるのでしょうが、小説そのものよりは面白い。（中略）

テレビドラマにすると、ちゃんと〝当たる内容〟がつくれるわけです。まあ、そうした映像、「カラーの色彩」と、「役者の表現力」、それから、「脚本の掛け合いのうまさ」や、「シチュエーション」、その「場所」でしょうね。そういったものをうまく入れることで、「情緒」をつくり出すことができるので、やはり、「表現美」としては、活字だけよりも上なのかなと思います。

（『美の伝道師の使命』161〜162ページ）

本当に演技の勉強をしようとすれば、テレビドラマよりは、映画のほうで勉強したほうがいいだろうとは思うんです。

例えば、絵画であれば一枚の絵として描《えが》くところを、動画で二時間以内につくっているわけですが、「そのなかに、ある意味で立体的な時間を含んだ美が存在するのかな」というふうには思いますね。

（『美の伝道師の使命』164ページ）

ここで、「映画」というメディアの歴史について触れておきます。映画の登場は、19世紀終わりにおける大事件でした。

1891年、発明王のトーマス・エジソンは、撮影機「キネトグラフ」を発明し、続いて1893年には映写機「キネトスコープ」を発表しました。彼が発明したキネトスコープは、小型の自動販売機ほどの大きさで、一人ずつ覗《のぞ》き込んで映像を楽しむというものでした。そこから、激しい映画の開発合戦が始まりました。

有名なのは、フランスのリュミエール兄弟でしょう。1895年に彼らが「シネマトグラフ」を開発し、パリのグラン・カフェでスクリーンに動く映像を上映したのが、いわゆる映画の始まりといわれています。これにはエジソンのキネトスコープも太刀《たち》打《う》ちできませんでしたが、負けじとスクリーン投影式の映写機「バイタスコープ」を開発。このため、エジソンとリュミエール兄弟は現在「映画の父」といわれています。

初期の映画は、カメラが固定されて画面のカットも少なく、演劇の模写にすぎ

リュミエール兄弟

キネトスコープの内部構造

ませんでした。しかし、20世紀に入ると急速に表現能力を拡大していきます。
影響力の大きかった出来事としては、フィルムのカッティング技術、いわゆるモンタージュが登場したことでしょう。モンタージュとは、視点の異なる複数のカットを組み合わせることによって、あるシーケンス（ストーリー展開上のひとつのまとまり）をもった映像にしていく方法です。映像の根本技法のため、「映像編集」と同義で使われることもあります。モンタージュは「画面と画面」にとどまらず、「画面と色」「画面と音」などに発展。映像の組み合わせによる映像論理の発見が試みられました。

もうひとつ大きかったのがカメラワーク、撮影技術の進歩です。カメラの機動性も向上して、豊かな広がりをもった表現能力を得ることができるようになりました。

南カリフォルニア大学（ＵＳＣ）映画芸術学部の名物教授ドリュー・キャスパーは、映画の登場について以下のように言及しています。

　そもそも映画の登場が画期的だったのは、舞台と違って、時間と空間を分解できたからだ。（中略）初期の作り手たちは、映画では時間と空間を分解できると気づいて、こいつはすごいぞと感激した。（中略）そうしてショットをつないで、連続するシーンを構成しながら、大胆に時空を飛び越える、映画ならではの醍醐味《だいごみ》が生まれた。

こうして、新しく登場した表現メディア「映画」は、総合芸術と呼ばれるようになっていくのです。

老若男女《ろうにゃくなんにょ》をとりこにした大衆メディア「映画」の魅力

誕生した当時から、映画というニューメディアは、市民階級を強く惹きつける力を備えていました。メディアの性格として、活字メディアより遙《はる》かにマスメディア的だったといえるでしょう。

大川総裁は、以下のように述べています。

映画なら、活字が苦手な人でも理解することができるでしょう。本を読む人の十倍ぐらいの人が観ることができるでしょう。そういうことで、映画も製作しています。

（『勇気への挑戦』50～51ページ）

東京大学名誉教授でアメリカ大衆文化研究者の亀井俊介《かめいしゅんすけ》がいっている通り、「じっさい、映画ほどアメリカ全土のすみずみにまで普及し、老若男女のいっさいをとりこにした娯楽はなかった」のであり、それまで文化・芸術の担い手であったいわゆる知識階級だけではなく、圧倒的多数の大衆が文字を伴わない視聴覚メディアである映画を楽しむことができました。

1920年代後半には、映像と音声が同期した「トーキー（talkie）」が登場。サイレントの世界に音声が入るようになります。世界初の長編トーキーは、1927年10月公開のアメリカ映画「ジャズ・シンガー」（ワーナー・ブラザーズ製作・配給）ですが、音声に少し難がありました。

その後はサウンドトラック方式がトーキーの主流となりますが、はじめてこれを採用した映画がウォルト・ディズニーの「蒸気船ウィリー」（1928）です。

「蒸気船ウィリー」は、今や世界一の人気キャラクターとなったミッキー・マウスのデビュー作の短編ながら、初のサウンドトラック方式による映画であるとともに、トーキーとしてはじめてのアニメーション映画でもあります。

1930年代に入るとトーキーは世界的に大人気となり、30年代後半にはカラー技術も安定していきます。「映像に色をつける」という試みは、サイレント映画時代から行われていましたが、1932年、いままでの欠点を克服した3原色式の改良版テクニカラーが開発され、ディズニーの「花と木」（1932）ではじめて採用されています。さらに1937年には、ディズニーによる世界初の長編カラーアニメーション映画「白雪姫」も公開されました。ウォルト・ディズニーが技術革新に積極的で、当時の最新技術を貪欲に取り入れた作品づくりをしていたことはとても興味深い事例ではないかと思います。

これよりひと昔前までは、〝芸術のある生活〟というと、美術館へ出かけて行って絵画を鑑賞したり、あるいはコンサートへ出向いてクラシック音楽を聴いたり、あるいは劇場において演劇を楽しむこと、といったような固定観念が広くいき渡っていましたが、〝複製可能〟な現代的芸術作品の登場によって、文化・芸術の世界が広く大衆にも開かれました。

このような民主主義社会における芸術の広がりについて、大川総裁は「美の民主主義化」という言葉を使って以下のように解説しています。

昔のものは、残念ながら、ギリシャの壺を出してきても勝てないし、彫刻を出してきても勝てないような気がします。やはり、技術的には、現代のもののほうが優れているわけです。

また、それを量産とまでは行かなくても、ある程度の数をつくれ、ある程度の所得層の人には行き渡っていき、少しずつ質を落としつつも、広がっていけるようにつくれているという意味では、「美の民主主義化」が起きているのかもしれません。

したがって、民主主義の時代を肯定するとしたならば、「真・善・美」の三つの法門とでもいうか、三つの神への道が、庶民にも開かれてきていると言えるのではないかと思います。

（『美について考える』40～41ページ）

現代においては複製可能な映画フィルム、ＣＤやＤＶＤなどの複製芸術が、新時代の芸術作品として中心的な役割を果たしていますが、ひと昔前の芸術作品における「ほんもの」という概念は、オリジナルが「いま」「ここに」しかない、という性格によってつくられていました。いつでも鑑定によって偽物かどうかの判断を下すことができ、オリジナルはオリジナルとして「ほんもの」であるという権威が保たれていました。

しかし、複製技術の発達によって、オリジナルそのものを受け手側に近づけることが可能になりました。これまでのひとつ限りの作品の代わりに、同一の作品を大量に出現させることができるようになったのです。複製芸術とはオリジナルのない芸術であり、逆にいえば「複製全部がオリジナルである」とも考えられます。

現代の民主主義社会においては、つくり手としても、受け取り手としても、美や文化の担い手が昔のように一部の貴族や金持ちのものではなく、そのチャンスが大きく大衆に向かって開かれている時代だといえるでしょう。

ハリウッド映画産業「5つの強さ」

以上見てきたように、映画はその初期から画期的に大衆性を獲得し、それゆえに企業家にとっては魅力的な商品価値をもつものでした。そのため、映画の〝芸術性〟と〝商業性〟は絶えず互いを意識し合いながら進んでいくことになります。

現在、世界No.1の映画産業が栄えるハリウッドでは、サイレント映画に始まり最新の3D映画まで、ニューメディアとして技術革新とともに、数多くの映画を生み出されてきました。

私がUCLAに留学していた頃、ハリウッドにあるスタジオまで車で1時間以内に行ける距離だったこともあり、「ディズニースタジオに用事があれば気軽に行ける」という、日本にいるときには考えられない環境でした。車を運転していると、街のあちこちで映画の撮影が行われていたり、パーティーなどでお互いに自己紹介をするとハリウッドの映画関係者が多かったり、まさに、映画産業が地域に根づいていることを肌で感じました。

ハリウッドへの留学経験があり、映画「るろうに剣心」シリーズ（2012〜2014）を代表作にもつ大友啓史《おおともけいし》監督も、著書で次のように述べています。

僕がハリウッドに行って圧倒的にわかったことを一言で言うと、当たり前のことですが「ビジネスとして映像産業が存在している」ということでした。

英語圏は世界に発信できるので、ビジネスを世界地図規模で考えて、映像作品を設計することができます。製作予算は何十億円、撮影期間も年単位。だから製作システムやスタッフ、役者が置かれている環境がそもそも違う。それを前提にして、ハリウッドのスタジオでは毎日新しい映画がクランクインしています。ここでは映画は娯楽以外の意味を持つ、産業としてなくてはならないものだったのです。

カリフォルニア州ロサンゼルス市にあるハリウッド。

では、なぜロサンゼルス市ハリウッドという土地に、映画産業が栄えたのでしょうか。この点についてしばらく考えてみたいと思います。

映画産業が興る20世紀初頭以前、アメリカのエンターテインメントの中心はブロードウェイなどがある東海岸でしたが、当時の撮影用カメラの性能上、天気が良好でないと撮影は難しいものでした。気候が穏やかで豊かな自然の景観があること、大掛かりなセットを組めることなどから、徐々に西海岸に注目が集まり、ハリウッドに映画産業が築かれていったのです。

さて、ハリウッド映画産業の繁栄の秘密を探るには、さまざまなアプローチの仕方があると思いますが、ここではハリウッドの特徴を5つ取り上げ、簡単に歴史を振り返りながら、その強さに迫ってみたいと思います。

ビジネスの大きさに注目！

ハリウッドの強さ①

世界No.1のシェアをもっている

私が留学して感じたハリウッドの一番の強さは、「ビジネスの大きさ」でした。そのスケールはまさに圧巻でした。

実は第一次世界大戦が始まる1914年頃まで、世界の映画界はフランスとイタリアがリードしていました。しかし、戦争で疲弊《ひへい》したヨーロッパ各国は映画を製作することができなくなり、その勢力図は一変してしまいます。全世界の劇場がフィルムの供給をアメリカに頼るようになり、アメリカ映画は一挙に世界トップに躍り出たのです。

大川総裁は、ハリウッド・ビジネスの大きさについて次のように述べています。

ハリウッドのような映画の分野では、やはり自信があるだけあって、日本映画は太刀打ちできないものがあります。最初から全世界へ配信して、相当の興行収入が予想されるので、予算をかけてセッティングもしています。シナリオ等《など》にもお金をかけていますし、いい俳優も使っています。アメリカの映画などは、だいたい資本規模が日本の十倍ぐらいのレベルでやっているので、確かに日本のほうは小さく見えます。ですから、「やはり進んでいるな」と思うことはあります。

（『日本発の『世界最高の思想』を目指して』『ヤング・ブッダ』通巻123号：2014年3月号）

第一次大戦後、アメリカ国内では、映画産業の盛り上がりに銀行や投資家が注目。1922年～30年の間に、投資会社から映画産業への投資は10倍以上になりました。投資が増えたことをきっかけに、制作、配給、上映という一連の事業が統合されていったのです。ファースト・ナショナル興行社連盟、パラマウント・パブリックス、メトロ・ゴールドウィン社（MGM）、ユニバーサル社、フォックス社、ワーナー・ブラザーズ社などが、次々と「垂直統合」を進めていきました。

1930年代は、フランク・キャプラの映画「或る夜の出来事」（1934）やチャールズ・チャップリンの「モダン・タイムス」（1936）、さらにはヴィクター・フレミングの「風と共に去りぬ」（1939）が大ヒットし、ハリウッドは空前の盛り上がりを見せます。次には「ならず者」（1952）や「黄色いリボン」（1949）などの西部劇が大人気へとつながります。

ところが第二次世界大戦が終わった翌年の1946年、映画産業に国からのメスが入ります。ハリウッドメジャーと呼ばれる大手映画会社すべてに、独占禁止法違反の判決が下り、垂直統合が解体されて、その繁栄に陰りが見え始めます。ニューメディアとして登場したテレビの存在も大きなインパクトとなりました。

もう一度その繁栄を取り戻したのは、1970年代です。その背景にあったのは、いわゆる組織のコングロマリット化、つまり、テレビ局や出版社など、関連産業企業との合併でした。たとえば、ディズニー社の場合はABCテレビやESPNというケーブルテレビなどを買収しています。

立命館大学映像学部の北野《きたの》圭介《けいすけ》教授は、次のように述べています。


七〇年代の巨大化とは、コングロマリット化だったのです。ハリウッドは、関連業界との連携を一層緊密化し、時には管理下におき、複合メディア業界として巨大化したのです。映画研究では、かつての「垂直統合」と対比させて、これを「水平結合」と呼ぶ人もいますが、具体的にはどういうことだったのでしょうか？

ハリウッドが、関連他業種を巻き込みながら、広い意味での映像文化産業のセンターとしての地位を固めていくというところに、一番重要なポイントがあると言えます。

わかりやすいところで言えば、テレビとの関係が戦略的に緊密化されたのです。

80年代には、家庭にビデオデッキが一気に普及。映画館以外の収入がぐっと増えていきます。その後、積極的に世界のマーケットを取りにいく流れが生まれ、マーケティングやマネジメントという手法が重要視されていきました。

90年代に入ると、インターネットが普及し、さらにグローバルな展開になっていきます。映画産業自体の規制緩和も世界各地でなされ、ハリウッド各社はシネマコンプレックスを海外に建設し始めるなど、世界のインフラとコンテンツをどんどんコントロールしていきました。

大川総裁は、以下のように述べています。

アメリカが強いといっても、「軍隊」も強いですが、もう一つは「映画」ですよ。「ハリウッド」の強さが、アメリカの強さでもあります。

（『項羽と劉邦の霊言 劉邦編』196ページ）

確かに、現代は「メディア戦」かもしれません。ここで勝った者が、最終的には勝つのではないでしょうか。

（『項羽と劉邦の霊言 劉邦編』201ページ）

さらに、大川総裁が大友啓史監督の守護霊を招霊して公開収録した際、大友監督の守護霊は、次のように語っています。

大友啓史守護霊　インド映画があっても、日本には滅多にかからないだろうし、アメリカに行くのも少ないですし、アフリカにも映画はありますけど、なかなか……。それから、ヨーロッパの映画でも、いろんなフランス映画やイタリア映画があるけど、日本でもかかるのは少ないでしょ？

やっぱり、そりゃあ、あちら（ハリウッド）が強大な力を持ってることは事実ですよ。〝第七艦隊〟と同じような力を、たぶん持っていると思います。

ハリウッドの強さは、やっぱり、「映画の持ってるマーケットが大きい」っていうことでしょうね。

だから、「成功すれば、世界シェアをかなり取れる」っていうのが見える。「この監督で、このテーマで、この台本で、主役のキャスティングがこれだったら、興行収入がこれぐらいまで取れる」っていうのが読めるから、予算の段階で、百億、二百億、三百億とかけていく大作が可能になってるのは、やっぱりうらやましい。日本映画っていうのは、だいたい五億を超えたら大作といわれてますけどね。五億で大作なんですけど。

やっぱり、（ハリウッドは）世界に出せるから、ものすごい予算が組めるし、ま

た俳優もキラ星のごとくいるからねえ。それを使えるっていうし、アメリカ以外からも俳優を使えるからね。この強さはあるわねえ。

（『映画監督の成功術　大友啓史監督のクリエイティブの秘密に迫る』126～127ページ）

現在のハリウッド企業は、世界中にまさに網の目のような映画配給網をもっており、制作と同時に世界発信ができます。関連事業での収益も大きく、大きな収益を見込んで巨額の制作予算を組むことができ、制作費、興行収入、観客動員数すべてにおいて、「世界一」を誇っているのです。

現在、ハリウッドメジャースタジオといわれる6社（ザ・ウォルト・ディズニー・スタジオズ、ユニバーサル・スタジオズ、ソニー・ピクチャーズ・エンターテイメント、パラマウント・ピクチャーズ、20世紀フォックス・フィルム・コーポレーション、ワーナー・ブラザース・エンターテイメント）が、巨大なメガコングロマリット企業となって、世界の映画産業をリードし続けています。ハリウッド映画産業というメディア分野の大成功が、世界大国アメリカの繁栄を支える、大きな役割を果たしているといえるでしょう。

宗教的バックボーンに注目!

ハリウッドの強さ② 「ヒーロー映画」がおもしろい

第二次黄金期の1970年代後半、映画「スーパーマン」(1978)が公開されると、「ヒーロー映画」が大流行します。最新の特撮技術が導入されて、原作アニメの超人性をリアルに表現できるようになったことが大きかったようです。

現在ヒーロー映画は、ハリウッドの主流ジャンルとなっており、2016年も「バットマン vs スーパーマン ジャスティスの誕生」をはじめ、多くのヒーロー映画が全米公開されます。最近では全米映画をヒーロー映画が席巻《せっけん》することも珍しくありません。2012年に公開された映画「アベンジャーズ」は、興行収入が15億ドル以上を記録し、現在も全世界の歴代トップ4にランクインしている（2016年3月現在）ところを見ると、ヒーロー映画の勢いは衰えるどころか、増すばかりといえるでしょう。

ここで注目すべき点は、ハリウッド映画制作のバックボーンにある宗教的価値観です。日本人にはわかりにくいことですが、ヒーローものの背景には『聖書』が存在しています。

大友監督の守護霊は、ヒーローものについて次のように語っています。

大友啓史守護霊　あるいは、スーパーヒーローが必要な理由とかですね。こういうのは、みんな、背景にそうした、『聖書』を中心とする神の歴史があるんだっていうの？

いちおう、これは、みんなバックボーンにあってね。「エンターテインメント」っていうけど、やっぱり、そういうのがバックボーンにあった上で、やってるわけよ。

だから、そういうハリウッドものも、あっちだって勧善懲悪から抜けてるわけじゃなくて、ヒーローものはすごく優れたものができるし。まあ、悪党が成功するように見えるものがあっても、その「悪の悲しさ」は、必ずどこかに描かれるようにはなってる。

だから、制作者の頭のなかに、『旧約聖書』や『新約聖書』についての知識が、やっぱり流れてはいるわけよ、ちゃんとね。

だけど、日本の場合は、そういうのがないのが、わりあい多いので。そうしたバックボーンとしての、まあ、「正義」だよな。「ジャスティス」の部分が流れてなくて、つくっている。

ただ「チャンバラで斬り合って、人がいっぱい死ねば面白い」っていうだけのエンターテインメントと、やっぱり、「何のために戦ってるのか」っていう、大げさに言えば「哲学」だけど、哲学があるかどうかっていうのは、まあ、大きいわな。

（『映画監督の成功術　大友啓史監督のクリエイティブの秘密に迫る』48〜50ページ）

大友監督は、著書『クリエイティブ喧嘩術』のなかでも、シナリオに対する考え方の違いとして「聖書の影響」について記述しています。

例えば印象に残っているのはＵＣＬＡのエクステンションクラスで受けた、『ユニバーサル・ストーリー（普遍的な物語のつくり方）』というクラスです。このクラスでは、主に『聖書』について学習します。（中略）西洋のドラマでは、そこに『天上の神』との関係性が関わってくる。もう一つの『目に見えない関係性』が、フレームの外に確かに存在しているのです。（中略）一見単純に見えてしまうハリウッド映画ですが、こういう経験を経て見ると、見方が多少変わってきます。組織のルールを無視して主人公がこだわる『正義』という概念や、『単純な信義』への奉仕ぶりも、神との契約というものをベースに捉えると奥行きをもっと感じることができるのではないでしょうか。

ヒーロー映画は現代版アメリカ神話であり、そのバックボーンには、アメリカの愛国心や、『聖書』に基づいた正義に対する考え方が流れている、と考えることができます。そのような視点で見てみると、まるで「悪をやっつけて正義を樹立する」という、アメリカのアイデンティティ、現代版の英雄劇が展開されているようです。

しかし、2015年の夏、ハリウッド映画の巨匠であるスティーブン・スピルバーグが、ヒーロー映画の終焉を予言したコメントが英紙ガーディアンに掲載され話題になりました。

今はスーパーヒーロー映画はまだ人気があるし、大流行しているが、他のジャンルに抜かれて廃れる日がやってくる。僕は西部劇が死に絶えた時代を知っているからね。（中略）神話的なストーリーが、何か新しいジャンルによって取って代わられる日が必ずやってくる。そのジャンルは、たぶん今、若い監督が僕たちのために発見しようとしてくれているだろう。

スピルバーグが述べているように、1930～40年代のハリウッド黄金期にアメリカで人気を得たのは、西部劇というジャンルでした。西部劇は南北戦争後の19世紀後半アメリカ西部が舞台。開拓者魂をもつ白人を主人公に、無法者や先住民と対決するというもので、建国のときに新天地を開拓したアメリカ人のフロンティア精神と重なりあう内容でした。それに続いて、第二次黄金期から大流行したのがヒーロー映画です。

次はどんな新しいジャンルがくるのか、たいへん気になるところですが、いずれにしてもやはり、スピルバーグが「神話的ストーリー」の展開として、西部劇やヒーロー映画を捉えていることがわかります。なぜ、神話的ストーリーが重視されるのでしょうか。
大川総裁は、国民が神話を学ぶ重要性について、以下のように言及しています。

その『古事記』のまえがきには、「十二、三歳くらいまでに民族の神話を学ばなかった民族は、例外なく滅んでいる」という、歴史家のアーノルド・トインビーの言葉とされるものを引いて、「だから、神話を学ばなければいけない」と書いてあったので、「実によい言葉だ」と私は思いました。

その言葉に基づけば、今の日本は、「十二、三歳までに神話を学ばない時代」に入りつつあるので、危ないです。神話を学んでいない人たちが今、政治をし始めたり、社会活動をし始めたりしています。学生たちもみな、神話をあまり学んでいないので、極めて危険です。

（『日本建国の原点』68～69ページ）

日本では戦後、公教育から『古事記』『日本書紀』などが排除され、日本人の精神とはどのようなものなのか、日本がどのように建国されたのか、日本の文化はどのようなものだったのかなどを、一切学ばなくなっています。

しかし、ハリウッドでは、大学のカリキュラムにまで『聖書』を学ぶ時間があり、それが普遍的なストーリーとして、脚本のベースになっているのです。この違いをよく知るべきです。

自分たちのルーツを知り、健全な愛国心や自信、英雄的リーダーを是《ぜ》とする気持ちを持たなければ、世界を率いていくような映画産業をつくったり、世界のリーダーとして人々を導いていくことはできないのではないでしょうか。

ＨＳＵではこの点を踏まえ、大川咲也加《おおかわさやか》著『大川咲也加の文学のすすめ～日本文学編～』などを参考に、日本における神々の歴史や、日本で栄えたすばらしい文化をしっかりと学び、日本の誇りを取り戻すことのできるような映画づくりをしていきたいと考えています。

ハリウッドの強さ③ 宇宙映画のクオリティが高い

ハリウッドでヒーロー映画に続いて思い浮かべるものは、きっと宇宙映画でしょう。他国に比べて圧倒的に宇宙人ものが多いのは、ハリウッドの特徴のひとつといえます。

ヒーロー映画と同様に、ハリウッドの第二次黄金期1970年代頃を境に、スタンリー・キューブリック監督の映画「2001年宇宙の旅」（1968）や、スピルバーグ監督の映画「E.T.」（1982）など、映画史に輝く宇宙映画が数多くつくられるようになりました。2015年末には、ジョージ・ルーカス発の映画「スター・ウォーズ」シリーズ、エピソード7が世界中で公開され、アメリカ歴代No.1の興行収入を記録しています。

アメリカでは、1945年から始まったソ連との冷戦時代にUFOがよく目撃されるようになり、それらの情報が一部ハリウッドにも流れているという説もあります。大川総裁は、宇宙ものの映画がハリウッドの独壇場になっていることについて、「**アメリカにはそうとう多くの情報があると思われる**」と、また、日本の発信力の低さについては「『**基礎情報がない**』**ということでしょう**」と述べています（『公開対談　幸福の科学の未来を考える』）。また、こうも述べています。

SF的映画としての宇宙人による地球侵略ものは数多くあるし、本年（編集注：２０１１年）**特に多くなってきているようである。ハリウッド関係者にも何らかの情報ないし、インスピレーションが集中しているものと思われる。**

（『宇宙人による地球侵略はあるのか』あとがき）

スピルバーグ監督は、１９７５年の初監督作品「ＪＡＷＳ」が大ヒットして時代の風雲児となるや、少年の頃から大好きだった宇宙をテーマにした映画を企画。

アメリカ空軍のＵＦＯ調査プロジェクト「プロジェクト・ブルーブック」のジョセフ・アレン・ハイネック博士（１９１０－１９８６）を題材に選びます。

ハイネック博士は約20年間、このプロジェクトに参加し、民間から寄せられたＵＦＯの写真や目撃談を、科学的に否定する仕事をしていました。しかし、どうしても説明がつかない事例があり、ハイネック博士の考えはＵＦＯの実在に傾いていきます。そしてついに、下院議会の公聴会で「ＵＦＯは真剣に調査するに値する問題である」と証言するに至りました。

この話を映画にしたのが、１９７７年公開された「未知との遭遇（Close Encounters of the Third Kind)」です。この作品は、世界各地で発生するＵＦＯ遭遇事件と、人類と宇宙人とのコンタクトが描かれ、世界的に話題になりました。キャッチフレーズは、“We are not alone.”。タイトルは地球外生命体とのコンタクトを示す言葉で「第三種接近遭遇」という意味です。その後も、スピルバーグ監督は「宇宙戦争」（２００５）「ＳＵＰＥＲ８」（２０１１）など、数多くの宇宙映画を制作しています。

そのほかにも、「コンタクト」（1997）「エイリアン」（1979）「猿の惑星」シリーズ（1968〜2014）「アイ・アム・ナンバー4」（2011）など、数え切れないほどの大作宇宙映画がハリウッドではつくられています。2009年には、アブダクションを取り上げた映画「THE 4TH KIND フォース・カインド」（2009）が公開され、宇宙人による誘拐がたいへんリアルに描かれ世界に衝撃を与えました。このような流れの背景にはどんな事情があるのでしょうか。

大川総裁は、以下のように述べています。

ああいう映画（編集注：「アイ・アム・ナンバー4」）**に対して、実は、アメリカ政府も少し協力しているのかもしれませんね。「万一のときに、国民が〝黒船パニック〟を起こさないようにするため、映画という、エンターテインメントの媒体を通して、人々を脅かさないようにしながら情報提供をしている可能性がある」と見てはい**

るんですけどね。

（『公開対談　幸福の科学の未来を考える』１５４ページ）

先般、三男がアメリカの幸福の科学のニューヨーク支部、サンフランシスコ支部、ロサンゼルス支部へ行き、座談会をやってきたのですが、アメリカ人に、このＵＦＯの話をしたら、「そんなのは我々にとってはもう、常識だよ」と、「ああ、日本はそんなことで驚いているんですか」といった感じだったそうです。（中略）向こうでは、もう常識のようなもので、「ロサンゼルス支部の上空なんて、ＵＦＯがしょっちゅう飛んでるよ」というような状況で、「それがそんなに珍しいんですか」といった感じなのです。

日本はそうした意味で情報的に後進国なので、もう少し教えていかないといけないのでしょう。

（「『ＵＦＯ後進国日本』に目覚めを」「アー・ユー・ハッピー？」通巻１３６号：２０１５年10月号）

映画「UFO学園の秘密」
（2015年 幸福の科学出版）

日本でも、宇宙に関するより積極的な取り組みが望まれます。幸福の科学グループでは、２０１５年より「ＵＦＯ後進国日本の目を覚まそう！」キャンペーンを展開し、映画「ＵＦＯ学園の秘密」を公開しました。この作品は、ゴールデングローブ賞、アカデミー賞のノミネート候補作品に選ばれるなど、アメリカでも非常に評価されています。

なぜ、宇宙に目を向ける必要があるのでしょうか。さらに大川総裁の言葉を続けます。

私は、「宇宙人と交流する前提として、人々に知識を与えなければならない」「日本人のみならず、世界の人々に、本当の知識、すなわち、真実を教えなければならない」と思っています。私たちは、真実に基づいて、「どう判断し、どう行

動すべきか」ということを考えねばならないのです。

そうした共通知識ができて初めて、宇宙との交流が始まります。

時代としては近づいています。宇宙船は、すでに、地球圏外に出ていますし、無事に帰ってくることもできるようになっています。

宇宙に行くためには多額の費用がかかるため、まだ十分なことはできないでいますが、人類はすでに宇宙時代に入っています。そのため、宇宙人たちの「地球人と接触したい」という気持ちは、今、高まってきているのです。


（『不滅の法』講義③」月刊「幸福の科学」通巻305号：2012年7月号）

世界の常識では「人類はすでに宇宙時代に入った」といえるようです。「UFO後進国日本の目を覚まそう！」キャンペーンの一環として発刊された書籍『宇宙時代がやってきた！』（HSエディターズ・グループ編）では、日本のUFO・宇宙の分野における後進国ぶりを以下のように指摘しています。

日本のＵＦＯ後進国ぶりはテレビ番組を見ると分かる。ＮＨＫや民放がニュースや報道番組でＵＦＯをまともに扱うことはほとんどない。茶化したり、面白おかしく否定して視聴率を上げようとするバラエティ番組が主流だ。

しかし、海外では事情が異なる。アメリカでは三大テレビネットワークである**ＡＢＣ、ＣＢＳ、ＮＢＣが堂々とＵＦＯ事件を報道**する。

２０１１年1月28日にはエルサレムの「岩のドーム」上空に現れたＵＦＯ事件をＡＢＣニュースが報じた。同年7月27日に起きたフロリダＵＦＯ墜落事件はＡＢＣ、ＣＢＳ、ＮＢＣが報道した。

日本国内では、マスコミの黙殺権が宇宙分野にも及んでおり、「真実を伝える」というマスメディア本来の使命を、まるで放棄しているかのようです。世界ではＵＦＯや宇宙人をニュースとして報道されているにもかかわらずです。

ＨＳＵでは、未来産業学部で宇宙の分野を科学的側面から積極的に研究していますが、私たち「芸能・クリエーター部門専攻コース」では、数多くの宇宙映画をつくることで日本国民を積極的に啓蒙し、日本をＵＦＯ先進国へと変えていきたいと考えています。大川総裁がたびたび示されている「宇宙時代の到来」に向けて、映画による啓蒙には大きな意義があると感じています。

近未来のビジョンに注目！

ハリウッドの強さ④ 未来予知的なメッセージがある

ハリウッドでは未来社会を描く映画もよく制作されています。世界最先端の科学技術をもつ国として、「近未来の危険性や可能性」を予言的に示唆《しさ》するような内容も数多くあります。

大川総裁は、以下のように述べています。

ハリウッド発のものは、新しい感覚というか、感覚が最先端までいっているところはあり、日本はリードされているので、まだ負けていますね。そのあたりの新感覚を学んで、感度を鈍らさないという意味では非常に大事だし、それらの映画には未来予知的な部分もそうとうあります。彼らが感じている未来社会がかなり描かれているので、それはやがて日本に波及してくるものだろうと思うんですよね。

（『大川総裁の読書力』155ページ）

最近（編集注：説法当時。2008年）、「イーグル・アイ」というアメリカ映画が公開されました。

その映画の設定では、ペンタゴン（アメリカ国防総省）にあるメインコンピュータが、国家の安全保障にかかわる問題を監視していて、さまざまな情報を分析しています。

あるとき、砂漠地帯のほうに、テロ容疑者がいるという情報が入ります。コンピュータは「その人が本当の容疑者である可能性は、五十一パーセントであり、データ不足なので、攻撃してはならない」と勧告するのですが、大統領は「攻撃しろ」と言って命令を出し、攻撃してしまうのです。

すると、そのコンピュータは、「自分の勧告に従わなかったのは国家の安全に抵触する」と判断し、〝復讐〟を始めます。民間のコンピュータから政府系のコンピュータまでを総動員し、大統領以下の政府要人たちを暗殺しようとするのです。

そして、コンピュータの勧告に従って攻撃に躊躇《ちゅうちょ》した人を、次の大統領にしようとします。そういうことまで、コンピュータが考えるというストーリーでした。

これは架空の話ではあります。しかし、私たちの世界は、今、ある意味で、この映画で描かれていた世界のようになろうとしているのです。それは知っておいたほうがよいでしょう。

(『日本の繁栄は、絶対に揺るがない』26〜28ページ)

このように、特にハリウッドは、科学がもたらす未来社会を描くのが得意であり、どのように未来をデザインしたいのか、未来に予想される危機をどう回避するべきなのかなど、映像によってメッセージを世界へ発信しています。

たとえばスピルバーグ監督の映画「A.I.」（2001）は、人々をサポートするために造られた人間そっくりのロボットが溢れる近未来が舞台となっています。感情のないロボットの少年デビッドに〝愛〟をインプットする試みが行われるという、未来社会に起こりうることを題材に取り上げています。

また、大川総裁は映画「ウォーリー」（2008）について、以下のように言及しています。

要するに、「人力に戻り、原始に戻ることで、希望が生まれる」というような物語でした。これは、ルソーの「自然に帰れ」という運動のようにも見える意味合いを持っているので、ディズニーとしては、「思想性のあるものをつくった」とい

うことだと思います。

こういう映画を見ても、「未来社会というものは、どのようにデザインするかによって、どういうものにでもなるのだ」ということを感じます。「創造力によって、いろいろな社会が展開しうる」ということです。

環境汚染のために地球を脱出しなければいけないような世界にもなれば、まったく仕事のない人間社会をつくることもできるし、「農業に戻り、自然に戻るのがユートピアだ」と思うような価値観を持つ世界にすることもできるのです。考え方は、いろいろなのです。

（『創造の法』108〜109ページ）

これまでに大川総裁は、映画「ファイナル・ジャッジメント」（2012）や映画「神秘の法」（2012）など、国防の危機を訴える近未来予言映画を公開し、現実に中国や北朝鮮の軍拡が顕著になってきています。さらに、危機の警告のみならず、未来を希望で溢れる社会に変えるためのビジョンを提示してきました。

大川総裁は、未来をデザインする力について、以下のように述べています。

映画「神秘の法」(2012年 幸福の科学出版)

映画「ファイナル・ジャッジメント」(2012年 幸福の科学出版)

私は、今、未来を創るために、新しいテーマを続々と提示し、人々の意識改革を推し進めていますが、やはり、「未来を構想する力」をつくっていかなければならないと思っています。

本書の読者のみなさんは、そうした構想を発信する力を持たなければならないと私は強く思うのです。

とにかく、後ろばかりを見ていたり、現状に満足していたりしてはいけません。「これから先をどうするか」ということを、多くの人

が考えるようになれば、未来は変わっていくでしょう。

（『未来の法』１７５～１７６ページ）

このように、映画というのは近未来のビジョンを描くことができるものであり、未来の危険を警告することもできることがわかります。

ＨＳＵでは、映像のみならず時代をデザインすることができる力を身につけ、力強く国際社会にメッセージを発信できる人材を育てたいと考えています。

最先端の映像技術に注目！

ハリウッドの強さ⑤ 壮大なスケールとスピード感

最後に、誰もが認めるハリウッド映画の壮大なスケール感、スピード感を取り上げましょう。リアリズムやスリル、臨場感を徹底的に追求したその映像技術には、目を見張るものがあります。

まず、ハリウッド映画のスケール感を生み出しているのは、大掛かりな撮影です。

ビル・ゲイツの守護霊は、以下のように述べています。

ゲイツ守護霊　ハリウッド映画で、実写の面白いものは、橋を爆破するなり、ビルを爆破するなり、車を炎上させるなり、もう好き放題やってますでしょう？

でも、日本の映画は、おまわりさんとのイタチごっこだからね。やる場所がないし、ヘリコプターを落として炎上させたりしたら大変なことで、怒られちゃうから、そういうリアリティーがつくれない。ちょっと貧乏くさいところがありますよね。「やっぱり、リアリティーがないと面白くないから、このくらい爆破したって構わないじゃないですか」と言ったって、消防署がなかなか許さないんだろうと思う。こういう役所的発想みたいなのを小さくしないと駄目でしょうね。

（『逆転の経営術』206〜207ページ）

実写映画でもう一段の迫力やスケール感を出すためには、規制緩和や協力体制など、さまざまなバックアップが必要なのかもしれません。日本は撮影許可を取るのが難しい場合が多く、映画の撮影地としてはたいへん厳しい環境です。キャスティング・ディレクターの奈良橋陽子も、著書『ハリウッドと日本をつなぐ』のなかで、自身がプロデューサーを務めた映画「終戦のエンペラー」（２０１２）の撮影を振り返り、大変だった日本ロケのエピソードを語っています。その一方で、ハリウッドでは、映画の撮影に非常に協力的で、警察が警備に駆けつけてくれることもあります。

ただ、ハリウッドの映像美を支えているのは、大掛かりな撮影だけではありません。ハリウッドではおよそ１００年にわたり、脚本、ビジュアル・デザイン、撮影、編集、音響効果などについて、研究に研究を重ねてきました。そして、幾度も革新的なイノベーションを繰り返しながら、その映像技術を向上させてきたのです。

たとえば、スピード感についていえば、カット数と大きな関係があります。南カリフォルニア大学の教授ドリュー・キャスパーは、革新的なスピード感を生み出したアルフレッド・ヒッチコック監督の映画「鳥」（1963）について言及。この作品は、当時としては前代未聞の、約1300ものカットから構成されています。

現在の映画ではカット数は万単位に突入しています。圧倒的なカット数でスピード感を生み出す監督に、たとえばマイケル・ベイ監督がいます。キャスパー教授は、ベイ監督の映画「アルマゲドン」（1998）や「トランスフォーマー」シリーズ（2007~2014）などについて、「何万ものショットが矢継《やつ》ぎ早《ばや》に使われて、目が追いつかない」ほどだと評価しています。

もちろん、スピードを出すだけではなく、自由自在に操るのがハリウッド最先端の映像編集技術です。つまり、「編集することで、時間や空間を自在に飛べる。時間を主観的なものとして伝えることができる。また、ときに時間を短く感じさせたり、逆に長く感じさせることもできる」のです。邦画においてもその差を徐々に縮めており、ハリウッドのレベルに近づいているのも事実です。
大川総裁も、次のように評しています。

私自身、「映画はハリウッドには敵わない」と思っていたし、洋画派であったのだが、大友啓史監督の創る映画を観て、日本映画の可能性を感じた。日本人向けのテイストを持ちつつも、ハリウッド級のスピード感、迫力、スケール感を出せる可能性を強く感じた。

（『映画監督の成功術　大友啓史監督のクリエイティブの秘密に迫る』まえがき）

「プラチナデータ」を観たときには、ハリウッド映画を観たあとのような感覚が残ったので、「あれ？　日本映画でも、ハリウッド感覚というのがありえるのだな」という感想を持ちました。（中略）
さらに、「るろうに剣心」も、一作目についてはそこまでは思いませんでしたが、

昨年（二〇一四年）の「京都大火編」と「伝説の最期編」を観たときには、「ハリウッドレベルまで来ているのではないか」という感じを受けたのです。

（『映画監督の成功術　大友啓史監督のクリエイティブの秘密に迫る』22〜24ページ）

大友監督は、映画「るろうに剣心」シリーズ（2012〜2014）や「プラチナデータ」（2013）などで、邦画らしからぬスピード感やアクションを演出し、多くの批評家に絶賛されました。

以上、見てきたように、「人間の心が空間や時間を体験するときの感覚を、まざまざと呼び覚ましてくれるのが映画」であり、ハリウッドで大発展を遂げた映画というメディアは、ほかのどの芸術にもできない立体的な美を表現することができます。そして、これからもまだまだ技術的発展の余地があると確信しています。

そんな映画産業の新しい技術革新の担い手となれるような私たちでありたいものです。いずれは、未来創造学部のキャンパスができる東京の江東区東陽町《とうようちょう》を、ハリウッドを超える映画の中心地にしていきたいと思っています。

ＨＳＵでもハリウッドの大学などで教えられている最新の映像技術を積極的に取り入れ、さらに未来産業学部とも連携してハリウッド以上の映像技術を発明する気概で、世界No.１の映像クオリティを実現したいと考えています。

以上、ハリウッド映画産業の強さに迫りました。次章では、ハリウッドNo.１企業のウォルト・ディズニー・カンパニーを取り上げたいと思います。

第2章

ウォルト・ディズニー「5つの遺伝子」

不況期であっても勝ち続けるディズニー社

ロサンゼルス市ハリウッドの北側にある小高い山を越えると、バーバンクという土地にウォルト・ディズニー社の本社があります。

私が1993年にディズニーの社員になってはじめて本社へ出張し、入り口のゲートをくぐったとき、映画「白雪姫」で観た七人の小人たちが屋根を支えている本部ビルの外観が視界に飛び込んできて、なんともいえない感動が心の底から湧いてきました。ウォルト・ディズニーにとって、長編アニメーション「白雪姫」の成功がなければ、この場所も会社も存在しなかった。その原点を大切にする気持ちが伝わってきたのです。

さらに、本部ビルの斜め前には、木造4階建ての建物があります。どこかの大学のキャンパスにあるような小さな建物は、ウォルト・ディズニーが生きていた時代のアニメーターの仕事場です。それをリノベーションして、現在でもオフィスとして使っていました。

そこに入ってみると、建物の壁には当時のアニメーターたちの写真や、アニメ作品の映画ポスターが貼ってあります。歴代のアニメーターたちへの敬意溢《あふ》れる空間になっていました。

このときに、「ああ、やっぱり、この会社はウォルトのつくった会社なんだ」ということを、新入社員としてしみじみと感じました。ディズニー社員としての意識や士気がぐっと上がった瞬間です。

現在、ウォルトの創ったウォルト・ディズニー・カンパニーは、エンターテインメント産業界のなかで唯一、米国を代表する優良企業30社（ダウ工業株30種）に選ばれており、誰もが認める世界企業になっています。

しかし、私が入社する前の１９８０年代後半は、業績不振が続いており、経営再建の最中でした。その後、90年代に入ると再建の道筋が立ち、ものすごい勢いで事業拡大が始まるのです。ディズニーに入社すると、私は数多くの社員研修を受けることになります。当時の経営陣は、ウォルト・ディズニーの創業の精神、その遺伝子を受け継いだ社員の育成こそが会社の発展につながる、と信じていたからです。

ウォルトの死後、業績不振に陥ったディズニーが、どのように再建されていったのか。ウォルトの精神をどのようによみがえらせたのか。その一端なりとも当事者としてなかから見ることができたのは、非常に大きな学びとなりました。

大川総裁は、ディズニー社をこう評しています。

ウォルト・ディズニーは、全世界の人が知っているので、説明する必要がほとんどないぐらいの方でしょう。子供たちに夢を与えた偉大な「アニメ事業の創設者」であり、大人には、一人の人間としての成功の仕方を教えてくれたところがあります。

また、事業体・企業体としてのディズニーランドは、不況期であっても勝ち続

ける企業として、注目に値する企業です。ほかのところがどんどん潰れていくなかで、独り勝ちし続けている状態ですが、「なぜ強いのか」という秘密に迫れたなら、子供から大人まで、得るものはとても多いのではないでしょうか。

（『ウォルト・ディズニー「感動を与える魔法」の秘密』14ページ）

東京大学総合文化研究科名誉教授の能登路雅子《のとじまさこ》も、ディズニー研究について次のように指摘しています。

一般的には遊びの世界に属するディズニーを研究の対象とするのはどういうことを意味するのか。最初にディズニーを研究した人々は映画やアニメーションの専門家だったが、1970年代以降は社会学、文化人類学、建築、都市計画、経営学など、取り上げられる学問分野は多様化している。それらに共通するのはディズニーが庶民の圧倒的支持を獲得しているという認識とその人気の理由を明らかにしたいという動機である。

そこで本章では、ハリウッド№1企業のディズニー社を取り上げ、ディズニーの成功する遺伝子づくりについて学びたいと思います。大川総裁がご収録くださった霊言『ウォルト・ディズニー「感動を与える魔法」の秘密』を中心に、私が社員だった頃の体験談を交えながら、その組織カルチャーについて学んでいきましょう。

創業の理念に注目！

ディズニーの遺伝子①「人を喜ばせたい」という情熱

ウォルト・ディズニーは、1901年に生まれました。ディズニーという人がどの様な人物であったのかを結論的に申し上げましょう。彼は今までになかったもの、あるいは誰も見たことがないものを次々と創り上げたという意味で、最高のクリエーターのひとりです。

アニメーションをスムーズに動かすことにはじめて成功したのも、短編アニメーション作品「蒸気船ウィリー」（1928）ではじめてアニメーションと音を見事にシンクロさせたのも、「花と木」（1932）という作品で最初にカラーを使ったのもウォルトその人です。当時不可能といわれていた長編アニメーション映画「白雪姫」（1937）も世界ではじめて制作し大成功させました。

さらに、映画事業にとどまることなく、誰もが幸せになれる夢の国「ディズニーランド」をつくるというアイデアを考え、その夢を語って事業化に成功したということを考えると、多くの人が手本にできる企業家でもあります。

ウォルトの言葉に、“Our job is to make people happy”というものがあります。これがまさにディズニー社の根底を流れる理念です。「人を幸福にする仕事をするんだ」ということです。

大川総裁は、ディズニー社の創業理念について、以下のように述べています。

ディズニーランドは、とにかく不況に強い。他のテーマパークが次々と閉鎖に追い込まれても、ディズニーは毎年百億円単位の新規投資を続けている。

その集客力の魔力は驚くべきものがある。北朝鮮の二代目、故・金正日《キムジョンイル》氏の長男の金正男《キムジョンナム》氏が、東京ディズニーランド見たさに、不法入国して強制送還された事件も記憶に遠くない。イデオロギーや敵・味方の違いを超えた「引きつけ能力」があるのだ。

「創業の理念」というものは、これほどまでに力があるのだ。東京では人気店は順番待ち、売切れ続出が常だ。近所の店はガラガラでもだ。ビジネスや創作で成功したければ、ぜひともウォルト・ディズニーに学ぶべきだ。

（『ウォルト・ディズニー「感動を与える魔法」の秘密』あとがき）


また、ウォルト・ディズニーは霊言で、以下のように語っています。

ディズニー　「学校の勉強ができたこと」とか、「アスリート、スポーツ選手として、何か、すごい賞を取った」とか、あるいは、「絵の才能がある」とか、「音楽、歌の才能がある」とか、そういうので見がちであるけども、「『人を喜ばせたい』っていうか、『夢を持たせたい』っていう情熱を、どの程度まで持ってるか」っていうのも、才能なのよ。

この才能は、いかなる事業をやっても、ものすごく大きく影響するのね。

（『ウォルト・ディズニー「感動を与える魔法」の秘密』83ページ）

ディズニー　その「組み合わせ」と「意外性」が、創造を生むからさ。（中略）

常に訓練して、自分のスキルをアップするように努力することと、常に「人を喜ばせたい」っていう気持ちを持って、アイデアを生み続けることが大事なのよ。

（『ウォルト・ディズニー「感動を与える魔法」の秘密』98ページ）

ウォルトの強い情熱が伝わってくる作品としては、やはり「白雪姫」を挙げたいと思います。彼はこの映画に対して、制作予算だけでは足りず、すべての個人財産を投入し、まさに人生を懸けて制作しました。当時、ハリウッドでつくられる映画のなかで最も高い制作費を使ったといわれています。ウォルトは新聞記者に次のように語っています。

「白雪姫を作るためには、ミッキーマウスからドナルドダックまで、わたしの持っているものを一切合財《いっさいがっさい》担保に入れなければならなかった」

その頃のアニメーションというのはカトゥーンといって、5分〜10分の間、子供が観て退屈しない程度のものだったのです。90分間もの長い時間、鑑賞に堪《た》えうるアニメーションをつくることができるとは、当時のハリウッドでは誰も思っていませんでした。

そのような状況で、ウォルト・ディズニーは長編アニメーションをはじめてカラーでつくると宣言。いくらお金がかかるかもわからない。誰もやったことがない。

興行的に成功するかどうかも保証がない――。しかし、彼は信念を貫き、見事に「白雪姫」を大成功させせました。彼のはじめての商業的な大成功です。

プロデューサーのナッド・レバインは、封切りの劇場の興奮に包まれて、「まさに現代映画史のただなかにいるように感じた」と述べ、バンク・オブ・アメリカの重役でディズニー・プロダクションズへの貸付責任者だったジョゼフ・ローゼンバーグですら、「興行収益について話すのは、まだ早すぎるが、それは別にしてもあなたがたは素晴らしいことをした。多くの人を幸せにしたのだから」と記しています。

また、ものづくりに対する情熱とともに、“Our job is to make people happy”という言葉の通り、作品内容が夢と希望に溢れているのがディズニー作品の特徴です。

たとえば、1940年に公開された映画「ピノキオ」。ピノキオの原作は、ごく普通の冒険物語です。しかし、ピノキオにすばらしい相棒、ジミニー・クリケットというこおろぎのキャラクターを創造したことで、作品の質をすっかり変えてしまいました。誘惑に弱いピノキオを正しく導く「良心役」として、このジミニー・クリケットを登場させたのです。

その結果、この物語は単なる冒険物語ではなく、夢と希望溢れるものになり、多くの子供達に道徳的感化力と感動を届けることができました。

さらに、映画「ダンボ」（１９４１）という作品があります。赤ちゃんゾウのダンボは、耳が大きいためにいじめられるのですが、母親の愛情や友だちの友情がダンボを強く変えていく、弱いものが力強い人生を歩んでいくという、愛と勇気の物語です。サーカス団のなかで離ればなれになったお母さんゾウとダンボが対面するシーンがありますが、そこで「私の赤ちゃん」（"Baby Mine"）という挿入歌が流れます。３分くらいの短い曲ですが、母親の愛がどれだけ優しく美しいものかというのがどんな人にも一瞬で伝わる、感動的なシーンです。ウォルト・ディズニーがこの３分間の歌に込めた思いは、永遠に生きていくだろうなと思えるものです。

私は1993年にディズニー社に入社しましたが、そのときにはウォルト・ディズニーが亡くなってから、30年ほど経っていました。先にも述べたように、彼が亡くなったあと、ディズニー社は業績がどんどん傾いていきました。

70年代には投資家により買収されそうになるなど、非常に苦しい時代でした。80年代半ば、〝のるかそるか〟の再建をしなければ立ちゆかなくなったというときに、社外から新たに経営者を迎えました。CEOに当時のパラマウント映画の社長だったマイケル・アイズナー、社長にワーナー・ブラザーズの副会長のフランク・ウェルズ、映画部門の責任者としてパラマウントよりジェフリー・カッツェンバーグの3人です。

彼らは、ディズニーブランドを復活させるために、「ディズニーの真の強さは何だろう」「ディズニーのコアの価値観は何だろう」と考えました。その結果、ウォルト・ディズニーがもっていた人を喜ばせようとする情熱や愛の精神、企業理念が、時を経るに従って徐々に薄れていったところに経営不振の原因を求めました。マイケル・アイズナーは、ウォルト・ディズニー生誕100周年を迎えた2001年のインタビューで次のように述べています。

ディズニーは2001年、ウォルト・ディズニー生誕100周年を無事迎えることができました。これは創業者の理念を守るための遺伝子が、きちんと受け継がれてきたからこそできた偉業です。
ディズニーの理念は子供や家族に夢を与えることです。ディズニーへ移籍した時、私は2つの目標を立てました。1つは理念を忘れずに、それを壊すような近視眼的な行為を避ける。もう1つは偉大なアニメ制作会社を再び目覚めさせ、テーマパークを世界中に建設することでした。

当時、3人の経営陣が、死にかけているディズニー社を救うために行ったことは、社員教育によるウォルト・ディズニーの分身づくりでした。アイズナーは、ディズニーの経営者に必要なものとして次のように述べています。

あえて言えば情熱でしょうか。ウォルト・ディズニーはコンテンツの質については決して妥協せず、思い通りの作品を仕上げる頑強さとともに、失敗しても必ず這い上がるしぶとさを持っていました。（中略）

ディズニーの経営に欠かせない素養は、コンテンツにかける情熱であり、現場を重視する姿勢です。

このように、ウォルト・ディズニーの精神を社内によみがえらせることが彼らのミッションだったのです。私が入社したときも、ずいぶん社員教育に力を入れていました。

そのときに学んだウォルト・ディズニーの精神を、もう少し掘り下げていきたいと思います。

ディズニーの遺伝子②
感動を生む「細部へのこだわり」

ウォルトがアニメーション制作における技術革新に強い関心をもっていたことは前述しましたが、実はそのようなハード面において新しいもの好きだったのみならず、ソフトを優先するという考え方を強くもっていました。新しい技術を積極的に取り入れるのは、「もっとリアルに描くにはどうしたらいいのか」「もっと感動を与えるために何かできないか」と常に考え続けていたからです。

エンターテインメントビジネスにおいて、いかにソフトが大切かをいうことを、ウォルト・ディズニー本人が霊言で語っています。

ディズニー　ディズニーのほうは、完全に、ソフトというか、何というかな。ハードじゃない。まあ、ハードも使ってるけども、シンデレラ城も一回見たら、分

かるわね。だから、「ソフトのほうの戦い」が基本で、ハードはそれを支えてる部分なので、まあ、私はイマジネーションの大家だね。

（『ウォルト・ディズニー「感動を与える魔法」の秘密』128ページ）

ディズニー　「人の動き」「演出」「内容」、そういう目に見えないところの細部にこだわったものが、永続するんだ。

（『ウォルト・ディズニー「感動を与える魔法」の秘密』69ページ）

たとえば、映画「バンビ」（1942）。まず珍しかったのは、台詞《せりふ》がほとんどない点です。動物の細かい動きと音楽だけで話が進行します。

登場するのがすべて動物であり、内容もリアリティに富んでいるため、動物はできるだけ写実的に描かなければなりませんでした。そこでウォルトはシカの生態を研究するために、ほかのプロダクションからシカを撮影したフィルムを借用しました。またカメラマンのモーリス・デイをメイン州に送り、シカの生態を撮影させました。その際のフィルムは数千フィートにのぼったそうです。その上デイは、二頭の子ジカをスタジオに送り、アニメーターたちはその行動を観察しました。「バンビ」を描くために、ここまでしているのです。

さらに画期的だったのが、それまでは考えられないほど立体感のある映像を実現したことでした。アニメーションは、当時はセル画を一枚一枚撮影していた時代ですが、その手法だとどうしても映像が平面的になり、奥行きのあるリアルな立体感がなかなか出せませんでした。

たとえば、丘の上に家があって、その向こうに月が出ているとしましょう。このようなシーンを撮影するとき、カメラが家のほうに寄っていくと、家はだんだん近くなりますが、夜空の遠くで輝く月の大きさはカメラが寄っても変わらないのです。近くにあるものと遠くにあるものの遠近感をアニメーションでどう実現するかを考えた結果、アニメーションのセル画を何段にも距離をおいて立体的に重ねて撮影できるカメラを生み出しました。それが、自然な遠近感を表現することに成功したマルチプレーンカメラです。

その手法を使った「バンビ」のオープニングシーンを観た観客は、まさに森のなかに入っていくような映像に大きな衝撃と感動を受けたのです。この作品は、漫画家の手塚治虫（1928 - 1989）が130回以上観て研究したことでも有名です。

長編映画においてはストーリーが重視されます。ディズニーの長編アニメーション制作においても例外ではありません。このプロセスにおいてウォルトが革命的に発明したものがあります。今では一般的になっている「ストーリーボード」です。紙芝居をイメージしていただくとわかると思いますが、ラフなカット割りをボードに全部貼って、ストーリーの最初から終わりまでを見渡せるようにしたのです。ウォルトは、ストーリーの流れに特にこだわりました。

映画づくりというのは数多くの集団でつくる作業ですから、ある程度最初にストーリーの全体像をスタッフが知っていなければいけません。

そこで、ディズニーがとったやり方は、ストーリーボードをコマ漫画のように並べてスタッフ全員にストーリーを解説するという方法です。

ディズニー家からすべての資料の閲覧を許され、7年かけて取材調査を行ったノンフィクション作家・伝記作家のニール・ゲイブラーは白雪姫を制作する際のウォルトのプレゼンを次のように伝えています。


ウォルトは真っ暗な部屋で、一本のスポットライトの中に立ち、演技を交えて白雪姫の物語を語りはじめた。白雪姫になり、時には意地悪な妃、七人のこびとになりきって、それぞれの声を使い分けた。迫真の演技は三時間に及んだ。終わった時、スタッフはすっかり心を奪われて感激し、涙を浮かべる者さえいた。

「わたしたちはわれを忘れていた。製作には三年かかったが、行き詰るたびに、あの夜にウォルトがどのように演じたかを頭に描いた。彼の演技以外に、描きようがなかったのだ」と、あるアニメーターは語っている。

さらに、キャラクターをつくるときは、いかにアニメーションでそのキャラクターが生きているように動かすかという部分に非常にこだわっています。

前述したように、映画「バンビ」では本物のシカを連れてきて、シカの動きをスケッチさせました。あるいは人間の動きも、最初に俳優にそのシーンの動きを演技してもらったものを撮影し、そのフィルムを見ながらアニメーションを描くというようなことをやっています。

アニメーターに対しては、観客から共感を引き出せるようなキャラクターづくりの重要性を説いていました。アーティストのウィルフレッド・ジャクソンは、「ウォルトにとってはそれが一番大切だった。漫画のキャラクターがスクリーンの上を跳びまわり、滑稽《こっけい》なことをしでかすのではなく、観る者がその存在を実感するようなキャラクターでなければならない」といい、アニメーターのウォード・

キンボールは、「彼の漫画のなかでは、すべてが人格を持たねばならなかった。ウォルトにとっては、もし木が内気なら、内気なように振る舞わなければならない。悪者の木なら、悪漢として行動しなければならない」と述べています。

そのようにして、本当に生きて動いているようなアニメーションをつくり出すことに成功しました。世界初の長編アニメーション映画「白雪姫」は、本当にキャラクターが人間のように生き生きと動いているという評判が評判を呼んで、大成功したのです。

このように、ウォルト・ディズニーは人々に感動を与えるために、「人の動き」や「演出」「内容」といったソフトの部分に、徹底的にこだわっているのです。

イノベーションに注目！

ディズニーの遺伝子③

「永遠に完成しない」組織づくり

1955年7月17日、カリフォルニア州アナハイム市に、世界初のテーマパーク「ディズニーランド」がオープンしました。誰も体験したことのない「夢と魔法の王国」が誕生した瞬間です。

現在ならば、この規模のテーマパークの建設に要する期間はどのくらいなのかは正確にわかるでしょうが、当時は誰にも正確な建設期間がわかりませんでした。そんななか、ウォルトは、「着工から1年でオープンする」と宣言すると、なんとその宣言通りにすべてが進んでいったようです。今から考えれば無茶苦茶に思えますが、それでもなんとかオープンの日にこぎ着けました。その記念すべき開園セレモニーの挨拶でウォルトが取材や招待客に向かっていったのは、「ディズニーランドというのは永遠に完成しない場所です」という主旨の言葉でした。この言葉には関係者全員が腰を抜かしただろうと思います。

1年間、あらゆる犠牲を払ってつくり上げ、その苦労がやっと報われ、完成したと思ったそのときに、想像もできない言葉を聞き、誰もが耳を疑ったことでしょう。しかし、「ディズニーランドの成功の秘密」がこの言葉にあったとは、本人以外には当時、誰にもわかりませんでした。ウォルトの「永遠に進化する」という精神は、現代のディズニーランドにも脈々と息づいています。マイケル・アイズナーは次のように述べています。

誰にも負けない最高水準のものを作り続けることができれば、ディズニーブランドは永遠に進化するはずです。

間違えてはいけないのは、強いブランドがあるからといって企業の未来が保証されているわけではない点です。ブランドとは特定の商品群を象徴しており、顧客を入り口にまで導く役割を持っています。利益を生み出すのはあくまで商品であって、ブランドではありません。魅力のある商品を作り続けることができなくなれば、どんなに強いブランドも廃れてゆきます。

ディズニーも例外ではありません。これまで多くの人たちが「ディズニーだ!

次は何を見せてくれるのだろう」と期待してくれました。それを裏切らずに実際にすばらしいものを見せてきたから今のディズニーがあるのです。重要なのは、ブランドの中身である商品で、それを改善する絶え間ない努力です。

実は、この「永遠に完成しない」という考え方にリピーターをつくる秘訣がありました。「進化するテーマパーク」というコンセプトをつくったということが、ディズニーランドを大成功に導く鍵であったのです。

大川総裁は、ディズニーランドの成功の理由について以下のように述べています。

私の考え方は、ディズニーランドをつくったウォルト・ディズニーが言っている言葉と同じです。

「永遠に未完成のものを求め続けなければいけない」というようなことを、ディズニーは言っています。「完成しては駄目なのだ」と言っているわけです。「完成

したディズニーランド」だと、客がすぐ飽きてしまいます。完成品をつくったら駄目なのです。(中略)

東京ディズニーリゾートでは、毎年毎年、新規投資をしています。二百五十億円や三百億円ぐらいの新規投資を毎年行い、新しいアトラクションや施設などをつくり続けています。

だから、「永遠の未完成」なのです。だから、何度も何度も人が来たくなります。だから、終わりではないのです。

(『どうすれば仕事ができるようになるか』28〜29ページ)

ここで、私がディズニー社で体験した、「組織は永遠に未完成」であるというエピソードを一つ紹介します。私が、1993年に日本における音楽部門の担当になってから7、8年の間に、私のレポート相手であるアメリカ本社の上司がなんと10回近く変わりました。ほぼ毎年、本社の部門責任者が異動になるので、私は毎年違う人にレポートしている状態でした。

実績が出ないために異動する上司もいましたが、「組織として成果を最大にするために、どうやったら組織がうまく機能するのか」を経営陣が試行錯誤していたわけです。ハリウッドにおいてディズニー社は、「組織図がない会社」ということで有名でした。新入社員が組織を知りたいと思っても、すぐに古くなるので組織図を教えてもらえないので困りました。

こうしたところにも、ディズニーカルチャーの特徴が現れています。つまり、シナジー効果を最大にするために、たえず「理念」と「現実」のすり合わせをして試行錯誤を続けているのです。次節で詳しく触れますが、シナジー効果を最優先するこのタイプの組織経営においては、ハリウッドのなかでも先駆者だと思います。組織としてのあり方を練りに練って、失敗も成功も含めて体験していくため、組織は強くなり、他の追随を許さないものになるのではないかなと思います。

ディズニーシーでキャスト（ディズニーリゾートでは、スタッフを「キャスト」

と呼びます）を経験した方に聞くと、「現場でもどんどんオペレーションが変わるのでびっくりした」といっていました。辞めて半年後に遊びに行ったら、挨拶の振りつけまで全部変わっていたそうです。

前出の能登路雅子は、ウォルトの言葉を紹介し、次のように述べています。

「これは永遠に完成することのないもの、つねに発展させ、プラスアルファを加えつづけているもの、要するに生き物なんだ。映画なら、仕上げてテクニカラー社に渡せばそれで終わり。気に入らない箇所があっても、もはやどうすることもできない。だから僕は、生きているもの、つまり成長する何かが欲しかった。」

この、完璧をつねにめざしながらも永遠に完成されることのないディズニー作品、それがディズニーランドであったと言ってよいだろう。事実、一九五五年七月一七日の開園以来、ディズニーは自分の作品に手を加えつづけた。「メインストリート」の消防署の二階に作らせた自分のアパートに泊まり込んで、改善や新しい物語世界のための計画に没頭することもしばしばあった。彼は、ものを創り出す人間なら誰しもが感じるであろう完成の安堵や喜びとは無縁の存在であった。（中略）ディズニーランドの天地創造は、開祖ウォルト・ディズニーが六六年十二月一五日にこの世を去ったのちにも、休みなく続けられている。

また、ウォルト・ディズニー・スタジオ元社長アラン・バーグマンは次のように述べています。

ロバート・アイガー社長兼CEOがよく話していることでもあるが、私も同じように考えている。

現状に満足することなく、常にエクセレンス（卓越性）を追及していかなくてはならない。

これは言葉を換えればイノベーションの精神だと思います。ディズニー社は変化を恐れず、どんどん進化させていくカルチャーが強いといえるでしょう。ディズニー幹部がウォルトについて話しているものを読んでも、「ウォルトという人は最もイノベーティブな人だった」という意見が圧倒的に多いのです。やはり生前のウォルト・ディズニーに、そういったイノベーションを推し進める精神があったのだと思います。

協力しあう力に注目！

ディズニーの遺伝子④

セクショナリズムを打破する「シナジー効果」

私が入社した頃、ディズニー社には大きな組織にありがちな「セクショナリズムの弊害」が出始めていました。短期間でメガコングロマリット化して大きな組織になったため、部門間の意思疎通が難しい状況に陥っていました。そこで、新しい経営陣がいい始めたのが「シナジー効果」でした。

セクショナリズムが蔓延すると、大きな部門の都合が最も通りやすく、小さい部署は声も小さいので、いくらいっても潰されてしまいます。したがって、多くの部門が協力して最大の効果を出すにはどうしたらよいかということが、経営者にとって最大の課題だったのは間違いありません。

ディズニー社の経営陣は「シナジー効果」を標榜《ひょうぼう》しましたが、10年以上、セクショナリズムが打破できずに苦しみました。いくら上層部が旗を振っても、現場では垣根をつくっていがみ合うような状態が、長く続いたのです。

このような経営課題について、大川総裁は、以下のように述べています。

大きなビジョンは大事であり、全体を見る目は絶対に必要です。セクショナリズムに陥って、「うちの部だけがよければいい」などと言っていると、会社自体が

倒れてしまうこともあります。そういう部単位、課単位だけのセクショナリズムで物事が動き、お互いにけんかばかりしていて全体が進まないようなことではいけません。大局を忘れないことです。

（『常勝の法』２０８ページ）

見えないところで、シナジーとして、神経がつながっていくように、いろんな組織がつながっていって、そちらこちらで働いていくようにしていかないと、組織の力は生きてこないのです。

（２０１４年2月11日法話「異次元発想法」質疑応答）

当時からディズニー社は次のような流れを目指していました。それは一本の大作映画の公開から始まります。映画のロードショーで作品や登場するキャラクターの話題をつくり、主題歌の音楽ＣＤやキャラクターグッズも売り出します。公開が終わると、DVD販売が続きます。さらに、テーマパークにおけるパレードやアトラクションとして展開します。そのタイミングでテレビ放映をして再度話題を大きくします。このように、ディズニーのもっている資産をタイミングよく多様なメディアへ露出することで、作品のキャラクターなり世界観なりを広げ、そのシナジー効果の最大化を図ろうとするのです。

しかし、大きな組織になると、どうしても部門ごとに対立します。それぞれの部門のトップは〝一国一城の主《あるじ》〟として、自分の成果を最大にするよう自由にやりたいからです。「映画部門」と「テレビ部門」と「音楽部門」と「テーマパーク部門」が互いに最大の効果を発揮するにはどうしたらよいのか。それは、ものすごく難しい問題でした。

たとえば、映画部門では、「この夏はこの作品でいくんだ」というのがあるのに対し、その年の夏休みのディズニーランドのスペシャルイベントは映画と全然違うキャラクターをメインにしてやっているようなことがありました。つまり、全然シナジー効果がないような動きが起きていて、ここの話を合わせるだけでも、とても難しく、うまくいかない時代があったのです。

そのようななか、「映画部門」と「テーマパーク部門」の2つの足並みが揃《そろ》い始めたのが1997年公開の映画「ヘラクレス」のときだったと記憶しています。当時、社内ではこれを「奇跡」と受け止める人もいたかもしれませんし、一方で「やればできるんだ」という自信が生まれたことも確かでした。

それは、社内の権限委譲や責任範囲の設定などの試行錯誤をしながら、ひとつにまとまるという流れができたことを意味していました。「シナジー効果を最大化する」という経営陣の強い決意が、10年以上かけてようやく実を結びつつありました。

その根底には、やはり、ウォルトの精神があったように感じます。というのも、アメリカにテレビが普及する際、ほかの映画スタジオはテレビに観客を奪われるのではないかと危惧していましたが、ウォルトは逆で、テレビとの相乗効果を考えていました。

１９５０年のクリスマス特別番組では、映画「不思議の国のアリス」のプレビューを５分間流し、アメリカの子どもたちを、公開が迫っていたこの映画に夢中にさせました。プレビューの放送が終わったとたんに、興奮した子どもたちはこの映画に連れて行ってくれとせがみ、親たちは一斉にディズニー・スタジオに電話をかけて、「チケットはいつ買えるのか」と皆が同じ質問をしたといわれています。

ウォルトはのちにこう語っています。

私はテレビというメディアの、映画を売り込む力を強く信じている。（中略）ギャラップの調査では、われわれのクリスマス番組は（観客への）浸透度を大幅に高めたという結果が出ている。われわれはテレビを販売促進の場として使うつもりだ（以下略）。

テレビと対立するのではなくシナジー効果を考えたからこそ、テレビを味方につけることができ、組織を発展させていくことができたのです。

ウォルトの夢に注目！

ディズニーの遺伝子⑤

「一人ひとりが主役」となれ
～You are the star!～

このシナジー効果を最大にするカルチャーは、ウォルト・ディズニー霊の次の言葉につながっていくのではないかと思います。

ディズニー　**「いかにして、これを発展・繁栄させていくか」っていうことを常に考える人たちをつくれば、すべてがエンターテイナーであるし、すべてが経営者なのよ。すべてがね。**

あなたがた職員の方がたも、すべてがエンターテイナーで、すべてが経営者でなければいけない。そういう〝遺伝子〟はつくれるのよ。つくろうとすれば、できる。（中略）

難しく、経営学で考える必要はないのよ。もう〝遺伝子〟なのよ。「すべてがエンターテイナーであり、経営者である」という文化・遺伝子をつくってしまうことが大事なのよ。

（『ウォルト・ディズニー「感動を与える魔法」の秘密』114〜117ページ）

ディズニー 命がけ。人を楽しませるんだって、命がけなんだよ。分かるかな。

（『ウォルト・ディズニー「感動を与える魔法」の秘密』79ページ）

これは、全員がエンターテイナーであり、全体観をもった経営者であるべきだという考え方です。

この遺伝子はディズニー社のあらゆるところに浸透しています。

たとえばキャストの身だしなみひとつとっても、それがうかがえます。キャストになることが決まると、「ディズニー・ルック」という小冊子が贈られます。髪型、髪の色、化粧、アクセサリー、靴、コスチュームの着方、クリーニングの方法など、ディズニー社で働く際の身だしなみに関する細かいルールがまとめられているのです。たとえば、髪の毛は自然なスタイル、ピアスは、耳に小さな粒状のもののみ、指輪は結婚指輪のようなシンプルなもの以外すべて外すといった具合です。

これらの細かい規律は、キャスト一人ひとりに「自分がディズニーを代表している」という意識を持たせるためのものです。

裏を返せば、一人ひとりが主役であり、ゲストをお迎えするエンターテイナーであるということを意味します。主役であるならば、「どうすれば発展・繁栄させていくことができるか」ということを常に考えねばならないし、そのために一生懸命に努力します。一人ひとりがエンターテイナーであり、経営者でなければいけない。そういう遺伝子は「つくろう」と思えばつくれるのです。

特にウォルトの霊がいった「人を楽しませるんだって、命がけなんだよ」という言葉に、私は一番感動しました。生前のウォルト自身は、こういうことを公《おおやけ》にいう人ではありませんでしたが、これこそエンターテインメントの真髄であり、ハリウッド産業を支えている一番根本のところだと感じました。

エンターテインメントは人を喜ばせる事業です。しかしそのなかで、真に「愛」や「夢」や「希望」というキーワードに基づいて人を楽しませる仕事をしている企業は、非常に稀《まれ》なのではないでしょうか。

アメリカの詩人であり、評論家のマーク・ヴァン・ドーレンは次のように述べています。


ディズニーの映画技術について、私はほとんどわからないが、それは無論すばらしいものなのだろう。しかし大事なのは、彼が人間の心の中心ちかくのどこかに住んでいて、口では教えることのできない無数の真実を知っていることだ。だからこそ、彼のアイディアはそのまま魂のひらめきであり、善良でありながら感傷におちいることなく、滑稽でありながら決して愚劣になることはない。世の一級の芸術家に対するのと同じように、我々はディズニーに対して安心して身をゆだねることができる。

アメリカの映画スタジオはメジャーと呼ばれる会社だけでも、ユニバーサル、ソニー・ピクチャーズやパラマウント、ワーナーなど、数多くありますが、たとえば「パラマウント」と聞いて、「こういうような映画をつくっているところだな」という特定の価値観やイメージは、簡単に思い浮かばないと思います。「ワーナー・ブラザーズ」と聞いても、特定のイメージは出てきません。それらスタジオが製作する映画は希望溢れる内容かもしれないし、とても暴力的で地獄的な映画かもしれないのです。

しかし、ディズニーは違います。ディズニー・スタジオと聞いただけで、どのような映画が製作されるのかある程度の予想と期待感がありませんか。それは、“Our job is to make people happy”という文化遺伝子が根づいているからなのです。そういう会社をつくり上げたという点が、ディズニーの一番の強さであり、魅力なのではないでしょうか。

ウォルト・ディズニーがディズニーランドに託した夢は、すべての子供のための「地上で一番幸せな場所（The Happiest Place on Earth）」を実現することにありました。

1955年夏の開園式において、ディズニーは短い式辞を述べています。

「この幸せな場所にようこそ。ディズニーランドはあなたの国です。ここは、大人が過去の楽しい日々を再び取り戻し、若者が未来の挑戦に思いを馳《は》せるところ。ディズニーランドはアメリカという国を生んだ理想と夢と、そして厳しい現実をその原点とし、同時にまたそれらのために捧げられる。そして、さらにディズニーランドが世界中の人々にとって、勇気とインスピレーションの源となることを願いつつ。」

この言葉は、開園の日付とともに金属板に彫られ、今もディズニーランドの「タウン・スクエア」にある星条旗の根元に飾られています。

ウォルト・ディズニーの愛の大きさや人を喜ばせたいという情熱が、時を超えて現在においても仕事をしているのです。それを支えていたのが、「夢は必ず叶う」という信念だったのではないでしょうか。

ディズニーの社員教育では、"You are the star!"という言葉を最後に強く叩き込まれました。ＨＳＵでも、学生一人ひとりが新しい時代をつくる主役となって、活躍していただきたいと考えています。

Column

「ディズニー・オン・クラシック」の初公演

世界初〝キャラクターを使わない〟ディズニーコンサートを企画

ディズニーでの体験をご紹介したいと思います。

私はＵＣＬＡの卒業と同時に、ハリウッド№１企業であるディズニー社への就職が決まりました。

留学中は家族でアメリカにきていたのですが、子供の教育のため、そして何より、ＵＣＬＡ在学中に出合った幸福の科学の仏法真理を日本で深く学びたいと感じていたことから、日本勤務を希望しました。帰国すると、日本法人のスタッフとしてコンシューマープロダクツ事業部音楽部門に配属されました。

しばらくスタッフとして経験を積み、１９９９年にディズニー・スタジオ傘下《さんか》のディズニー・ミュージック・グループの日本代表に就任しました。ディズニー・

スタジオは、ディズニー・グループのなかでいわゆる映画製作・配給を行っている部門ですが、ここには「映画部門」のほかに「音楽部門」があり、私は音楽部門における日本代表となりました。アメリカ本社が製作する映画作品に連動する音楽を「いかに日本でマーケティングするか」がメインの仕事です。

私は入社以来、ディズニー音楽を歴史をさかのぼってすべて聴き直しました。その音楽カタログは膨大で、聞いたことのない曲も多かったのですが、そのなかで感動する曲を発見する喜びもありました。私はディズニー音楽のもつ普遍性と力強さ、そのテーマの豊かさに改めてたいへん感激しました。そして「音楽が主役になるディズニーの新しいエンターテインメントがあればいいな」と強く思うようになったのです。

これが〝日本発・世界初のチャレンジ〟のスタートでした。

「音楽のすばらしさだけで勝負ができる」と考えた私は、あえて大人の女性をターゲットに「キャラクターが登場しないライブ・コンサート」を企画しました。

大人をターゲットとしてフルオーケストラの演奏を聴かせるのであれば、キャラクターショーとは相容れないものだからのです。とはいっても、イメージキャラクターとしてティンカーベルを案内役にしています。

アイデアを温めて1年半ほど企画を練り込みました。そしてこのイベントは、ディズニー音楽のコンサートであること、またディズニーの映画音楽をフルオーケストラによるライブで演奏することがすぐにわかる名前がいいと考え、試行錯誤の末に、「ディズニー・オン・クラシック」と名づけました。歌手はブロードウェイで活躍するタレントをオーディションで選び、彼らがコンサートの表看板となるようにしました。

日本に来日した副社長にアポなしでプレゼン

さっそくロサンゼルス本社やフロリダ、パリのディズニーリゾート内にあるショー制作担当者がいる部署に企画を提案しました。ところが、すべての部署にあっさりと断られてしまいました。「キャラクターが出ないディズニーのショーというのはあり得ない」「キャラクターが出ないとお客様から必ずクレームが入る」というのがその理由でした。映画会社の宿命《しゅくめい》なのでしょうが、音楽だけでショーが成立するとは考えていないことがよくわかる反応でした。当時は誰もが「成功しないだろう」と思っていたということです。

道が閉ざされてしまいました。

改めてディズニー音楽を世に普及させる意義を考えたときに、私のなかではディズニー音楽と仏法真理の価値観がオーバーラップしているように感じました。「人々に幸福や感動を届けるためになんとしても成し遂《と》げたい」という思いが抑えられなかったのです。もちろん、事業としても成功させる自信がありました。

そこで私は、思い切って自分の部署でこの企画を立ち上げようと決意しました。

当時、アメリカ本社のボブ・アイガー副社長（現社長）が来日して、各部署の責任者が現状レポートをする機会が定期的にありました。このとき、日本の社員たちは毎回、かなり殺気立ちます。会議室では日本側の責任者たちがテーブルをコの字型にして副社長を囲み、社長に向けてひとりずつ報告をする緊張の時間です。

あるとき、一通り報告が終わったタイミングで思い切って手を挙げて、「新規事業のプレゼンをさせてくれないか」と副社長に直接お願いしました。普段はプレゼンをする場ではないのですが、なんとか道を切り拓こうと必死でした。

プレゼンが許され、一通り新規事業の話をすると、「おもしろい。いいんじゃないか」と副社長がゴーサインを出してくれたのです。本社の副社長の許可が取れれば国内で反対する人は誰もいません。

こうして、本格的に「ディズニー・オン・クラシック」は初公演に向けて動き出しました。そして、1年半後の2002年9月、世界初のキャラクターが登場しないディズニー・コンサートの初演が東京、大阪、名古屋の3カ所で1回ずつ実現しました。あまり宣伝もできず静かなスタートでしたが、どこから聞きつけ

ディズニー・オン・クラシック時代の著者。右から3番目。
本社のディズニー・ミュージック・グループの同僚たちとともに。

たのか客席は満員で、大成功のうちに終えることができました。

コンサートが終わったとき、プレーヤーが涙を流していました。「自分の力を100％以上開放し、それによってお客さんが喜んでくれた」という実感が、それぞれの人にあったと思います。最初は、「いわゆるクラシックコンサートのような敷居の高いところから弾いていればいい」という感じでお客さんとどういう関係性をもったらいいかがわからなかったプレーヤーが、もっとお客さんに近づくことで同じ感動を共有できたのです。

その後も、回を重ねるごとに新たな感動があり、演奏者の〝リピーター率〟がとても高い、そんなコンサートに育っていきました。

ディズニー・オン・クラシックの企画は、仏法真理を学んでいた私としては、「与える愛」の実践を仕事レベルで体現できたという感覚が強いものでした。この新規企画事業の大成功を受けて、私は「日本代表」から「日本及びアジア代表」に就任することになり、新たに香港を中心にアジア地域でもさまざまに仕事を広げるようになりました。

以上、ディズニーでの体験のひとつをお話ししました。これからＨＳＵで、さまざまな世界初のチャレンジを学生とともに楽しみながら、成し遂げていきたいと考えています。

第3章

未来を創造する
感性の力

ＭＢＡの限界とは？　米ビジネススクールの問題点

私が大川総裁の仏法真理に出合ったのは、１９９１年、ＵＣＬＡに留学する直前でした。体調調整のためにと人から勧められてはじめて行った整体治療院で、本棚に置かれていた『常勝思考』を何気なく手に取ったのが最初です。当然、治療までの待ち時間では読み切ることが出来ずに、続きがどうしても気になり、帰宅途中に本屋に立ち寄って『常勝思考』を購入しました。「人生に敗北はないのだ。」というメッセージが強く心に響きました。

その後、ＵＣＬＡに留学し、書籍のことは忘れていたのですが、ある日、家内から「近くに住む日本人の友人から勧められて幸福の科学に入会した」という話を聞きました。実は、私が読んだ『常勝思考』が、家内が入会したという幸福の科学から出版されたものだという認識すらなく、宗教経験もなかったため、一時は家内と論争になりました。しかし、今思えば、私に正式に仏法真理との出合いをつくってくれたのは、家内の強い押しがあったからこそだと感謝しています。

ＵＣＬＡでの授業が冬休みに入ると日本に一時帰国し、紀伊國屋書店で一棚分全冊の経典を買い込み、段ボール2箱にしてアメリカに送り、じっくり読み始めました。ハリウッドでなぜか仏法真理を必死で勉強したことに、人生の不思議や運命のようなものを感じます。

仏法真理の勉強を進めていくなかで、「本来勉強をしなければならないのはこちらではないか」という気持ちが強くなっていきました。ＭＢＡの勉強とは全然違う角度の、深い智慧が山のようにあり、なかなか学校では教えてもらえない、本物のリーダー論がそこにはあったのです。

仏法真理とＭＢＡの違いは、「唯物的な成功をよしとするのか、それとも霊的人生観に基づいて成功を考えるのか」という点でした。

大川総裁は『正義の法』の第1章で、アメリカの映画「神は死んだのか（God's Not Dead)」（２０１４）を取り上げ、アメリカのアカデミズムのなかに潜む唯物論について指摘しています。この映画は、ある男子学生がアメリカの大学で哲学のコースを履修するにあたり、教授から「まず、God is dead.（神は死んだ）と書き、署名せよ」と要求されたという実話がもとになった映画です。キリスト教国とはいえども、アメリカの大学には唯物論が非常に深く入り込んでいることがよくわかります。

私がＵＣＬＡで学んでいた当時、やはりアメリカで成功を目指すＭＢＡの学生には、どちらかというと「唯物的な成功」を「本物の成功」と考えている人が多かったように思います。当然ファイナンスの授業などは、数字を読み解く唯物的なケース・スタディが多いので、どうしてもドライな理論を学ぶことになりました。もちろん倒産を防ぐには、ある程度ドライな考え方も必要ですが、霊的人生観や人間学、教養の基礎ができていない人間が、その上にいくら数字の理論を積み重ねても、非常にもろいものなのではないかと感じました。

大川総裁は、ＭＢＡの限界について次のように述べています。

たとえば、「ハーバード大学で経営学を勉強し、その大学院でMBA（経営学修士号）を取った人が、卒業してすぐにバイス・プレジデント（部門責任者）になり、そこでハーバード理論を振りかざす」というようなことが、アメリカでは、ずいぶんありましたし、それが、トップになっていく人の一つの主流であるようにも思われていました。このようなやり方が、しだいに行き詰まってきているのです。

それは、「二十数歳ぐらいの年齢で、大学においてケーススタディーで学んだだけの人が、実際の会社に入って、その理論どおりに実践していった場合、いろいろな人間関係の軋轢が起きる」ということが判明したからです。

彼らは、いろいろな会社において、そういうドライなかたちで理論を実践し、それが有効であったという場合もあるでしょう。しかし、その考え方には、「企業というもののなかに、人間が一つの社会をつくっている。村をつくっている」という視点が忘れ去られているのです。（中略）

すなわち、単なる経営理論とか、単なる成功理論のみを学ぶのではなくて、もっともっと深く人間の心というものを考察し、学んでいくことが必要なのです。

（『成功の法』２７１～２７２ページ）

言いにくいことではありますが、もし、ドラッカーの本をお読みになった方であれば、「アメリカのＭＢＡが、いかにアメリカを駄目にしたか」を書いている部分を読み落としてはならないのではないでしょうか。

彼は、「ＭＢＡ制度は、いかにアメリカを駄目にしたか」ということを繰り返し書いています。さまざまな企業をコンサルタントした実体験をもとに、そのことを発見していますので、ＭＢＡの仕事が「机上の空論」であることを分かっていたのでしょう。

（『「経営成功学」とは何か』１１１ページ）

経営学者のピーター・ドラッカー（１９０９ - ２００５）は、アメリカのビジネススクールについて、たとえば「高度な分析手法を手にしただけのビジネススクールを出たての若者が、コンピュータを駆使して事業、製品、市場について意思決定が行なえるなどという考えはまやかしである」と語っています。

また、『ＨＳＵテキスト３　経営成功学入門』で、経営成功学部の原田尚彦《はらだなおひこ》プロフェッサーと石見泰介《いわみたいすけ》プロフェッサーは、「過去の成功・失敗を学ぶために、ＭＢＡではケース・スタディの手法を重視している。ただし、ケース・スタディには限界があることも、知っておく必要がある。経営は、常に新しい問題に直面している。過去のケース・スタディをいくら学んでも、現在のすべての問題に解決を与えられるとは言えない。やはり、『新しい時代』には、『新しい解決方法』を編み出す必要がある」と解説しています。

実際アメリカにおいては徐々にＭＢＡの限界が認識されてきており、１９９０年頃からビジネススクールの人気は下火になっています。世界各国の企業、大学、組織を対象に、経済変革やビジネス戦略についての講義を行っているダニエル・ピンクによると、1993年にはマネジメント・コンサルタント会社、マッキンゼーの新入社員のうち、61%がMBA取得者だったところ、それから10年も経たないうちにその割合は43%に低下しているといいます。

それに代わって2000年頃から流行《はや》ってきているのがMFAです。

いま注目が集まる〝MFA〟とは何なのか

MFAとは、フィルムスクールなどで取得できる美術学修士号のことです。フィルムスクールとは、多くの映画プロデューサー、監督、脚本家、技術スタッフを輩出する高度な映画教育機関のことです。

特にアメリカフィルムスクールのトップ5と呼ばれるのが、USC（University of Southern California）、AFI（American Film Institute）、UCLA（University of

California, Los Angeles)、NYU (New York University)、Columbia University です。

MBAが下火になり、MFAが台頭《たいとう》してきたのは2000年代前半のことです。2005年に発刊されたダニエル・ピンクの著書『ハイ・コンセプト』も後押しして、「これからはMFAの時代だ」といわれるようになりました。2008年4月には、ハーバード・ビジネスレビューで、"The MFA Is the New MBA"という記事が掲載されています。

ダニエル・ピンクは著書でこう解説しています。

ハーバード大学のMBAプログラムは、出願者の一〇%程度を受け入れてくれるが、UCLAの美術大学院はわずか三%である。(中略)

実は、MFA (Master of Fine Arts)、すなわち美術学修士は、GMでさえ、「我々の仕事はアート・ビジネスだ」という今、世界で最も注目されている資格なのである。

各企業の採用担当者は優秀な人材を求めて、有名美術大学院に足を運び始めている。

大川総裁は、ビジネスにおける感性の重要性について、次のように述べています。

なぜ収入が上がるかというと、結局、人気があるからです。人気の元は何かというと、感性です。「どれだけ人の共感を呼ぶか。どれだけ人の気持ちを捉えるか」という、感性の部分が、商売などでも成功する能力なのです。（中略）

したがって、「自分は、知性や理性が、そう大したことがない」と思う人は、感性の部分を磨いていくべきでしょう。感性の部分には大きな力があり、大勢の人をつかまえる能力があります。

いま流行りの商品系統でヒットを出す方法などは、感性の能力を抜きにしては語れないでしょう。いくら理詰めで行っても、売れないものは売れないのです。

（『希望の法』２４７〜２４９ページ）

「必要なものをつくって供給する」という考えではなくて、「人々に感動を与えるものを供給する」ということなのです。感動を与える商品、感動を与えるサービスを供給することで、マーケットが大きくなっていくわけです。（中略）

キーワードは「感動」です。今必要な物はだいたい満たされています。それ以上のものが要るのだ、ということです。（中略）

人々に「感動」、あるいは「喜び」を与えるものは何か、ということを考え続けることが大事です。そうした新鮮さを与えれば、やはり、多くの人々の目に止まってくると思うのです。

（「経済発展をもたらす『感動』の力」「ザ・リバティ」通巻２５４号：２０１６年４月号）

私がＭＢＡを取得した当時、ＭＦＡがアメリカで流行る時代がくるとは予想もしていませんでしたが、未来を切り拓くリーダーに不可欠な力として、「感性」にスポットライトが当たる時代になりました。

ダニエル・ピンクはさらに、次のように述べています。

「左脳主導思考」は必要ではあるが、もはやそれだけでは不十分であり、私たちは「右脳主導思考」に磨きをかけて、「ハイ・コンセプト、ハイ・タッチ」の資質を身につけなければならない。

対価の安い海外のナレッジ・ワーカーにはこなせず、処理能力の速いコンピュータにもできない仕事、また、豊かな時代における美的感覚と感情的・精神的要求を満たせるような仕事を行なわねばならないのだ。

さらに、芸術学博士で聖徳大学の奥村高明《おくむらたかあき》教授も、著書でこう語っています。

要は、感性は感性だけ、論理は論理だけだと、片方がもう片方に押し込まれていることが問題なんだと思います。それらを架橋する理論や場、空間が現代には求められているんじゃないでしょうか。企業がビジネススクールではなく、アートスクールに社員を派遣するというのは、その具体的な行動の一つだろうと思うんです。ビジネス誌の記事に、必ず論理だけじゃだめだよ、と加えられているのはそういうことなんですよね。

奥村教授はさらに、心理学でいわれるゲッツェルス・ジャクソン現象を紹介しています。これは、「知能」と「創造性」と「学業成績」の3つの関係を検証した結果、「知能」がやや低くても「創造性」が高い子どもは、「知能」が高くて「創造性」が低い子どもよりも「学業成績」が高いというものです。

今、効率や合理性だけではなく、「感性」と「創造性」が重視される流れが起きています。それは先進国ほど顕著なのですが、「心の豊かさ」に幸福を求める人が増えてきているからではないでしょうか。必要なモノはもう溢《あふ》れている世の中において、心の琴線に触れるものや心の満足度を高めるもの、つまり「感動」が求められているのです。

感動を与えるためには、多様な人の心を理解できる「感性」や、美しいものを感じる「感性」が必要です。そして、創造性を発揮するためには、「**実は感謝・報恩の気持ち**」が必要であると大川総裁は述べられています（『心を育てる「徳」の教育』）。

HSUでは、「幸福の科学教学」で、人を幸福にするためのさまざまな心の法則をベースとして学んでいます。その意味で、HSU未来創造学部「芸能・クリエーター部門専攻コース」は、まさに時代が要請する、新しいコンセプトのフィルムスクールともいえます。

HSUに「美」を探究するコースができたことは、経営成功学部や他学部の学生にとっても非常にすばらしいことだと思います。他学部の学生たちが本コースの講義を履修することで、感性や美意識などの創造性を培うことができるからです。

アメリカの大手金融企業では、若手をビジネススクールではなく、感性や美意識を高めさせるために、フィルムスクールに通わせるトレンドが生まれています。

私たちは、アメリカのＭＦＡカリキュラムを研究し、それを乗り越えて、もっとすばらしい人材育成ができるような授業づくりを実現したいと考えています。

ＨＳＵ３学部との連携で新時代を切り拓く

ＨＳＵでは、先行して人間幸福学部、経営成功学部、未来産業学部が開設されています。新しく開設された未来創造学部は、この３つの既存の学部と連携することによって、新しい付加価値を生み出していきます。

たとえば、人間幸福学部では、大川総裁の仏法真理を中心に、人間の本質や真実の幸福について深く探究しています。また、哲学、宗教学、心理学などの人文学や、国際人として必要な教養も幅広く身につけていきます。
そうした人間幸福学部と連携することで、社会や人々を真理に導くような映画の研究をしたいと考えています。
大川総裁は、以下のように述べています。

幸福の科学大学では、創設する三学部のうちの一つとして、「人間幸福学部」を位置付けているのですが、これは、ある意味で、ほかの二つの学部である「経営成功学部」や「未来産業学部」をも包含している概念だと思います。（中略）
そのトータルの概念として、一般的な意味での「人間幸福学」が全学部にかかっているわけで、要するに、これは、創学の理念としても存在しているものなのです。

（『「人間幸福学」とは何か』14～16ページ）

さらに、経営成功学部と連携して、映画制作のみならず映画事業そのものを成功に導ける人材づくりが不可欠です。映画ひとつつくるのに数億もの単位でお金を投下しますので、映画づくりは究極の博打《ばくち》ともいわれます。

ハリウッドにも大きな影響力をもっていた黒澤明《くろさわあきら》監督（1910-1998）でさえ、生前、ハリウッド進出に大失敗しています。あまりにもビジネスモデルが日本と違うため、経営やビジネスの面で躓《つまず》いたのです。松下電器もハリウッドに進出しましたが、同様に経営を軌道に乗せることができず、撤退してしまいました。

アメリカのソニー・ピクチャーズ・エンタテインメント元共同社長の野副正行《のぞえまさゆき》も、「一発大物を当てれば、その作品の収支がとれるどころか、それまで積み重ねた失敗さえ帳消しになるほどの成果が出るのがハリウッドの映画事業」と、そのビジネススケールの大きさを語っています。そして、ソニー・ピクチャーズの経営を軌道に乗せるまで、いかに苦労したかを自著のなかで明かしています。

その背景には、製作する作品のジャンルや内容、予算規模の戦略的なコントロールがあったようですが、世界進出のためにはやはり、さまざまなマネジメントの知恵が必要になるでしょう。
大川総裁も次のように述べています。

特に、映画に関しては、「ヒットするか、当たるかどうか」といったところにも、やはりひとつの〝読み〟の部分があります。経営学で言うところの、いわゆる「マーケティング」の勉強という意味でも、「どんなものならヒットするのか、当たるのか」と考えるのも大事なことではないかと思います。

（『映画監督の成功術　大友啓史監督のクリエイティブの秘密に迫る』20ページ）

また、未来産業学部とは、技術面からの知識の吸収や、技術革新に向けた取り組みなどを、連携して行っていきたいと考えています。
ディズニーの事例でも見てきた通り、あくまでも映画産業はソフトが優先ですが、ハードの技術革新とともに大きく発展してきた点については見逃せません。科学技術の革新には、文化や文明を前進させる力、人々の創造性を刺激する力があります。大川総裁が、**「『未来社会をつくろう』と志すならば、〝理科の心〟を持つ必要もあるでしょう。そのなかには、創造性が数多く含まれています」**（『心を育てる「徳」の教育』）と指摘していることも見逃せません。

たとえば、CGアニメーション映画のヒットメーカーであるピクサー・アニメーション・スタジオでも、最新のCGソフトを開発する技術集団と、アニメクリエーターが連携しながら仕事をしています。そんなピクサーの合言葉は〝Story Is King.〟と〝Trust the Process.〟。つまり、「ソフトが一番だけど、ハードの技術革新は妥協しない」ということです。これはウォルト・ディズニーにも多分にあった考え方だと思いますが、そういう組織が次の時代にも勝ち残っていくのではないでしょうか。

そして、さらには小さな技術革新のみならず、ニューメディアの可能性も探っていきたいと考えています。直木賞作家として活躍した景山民夫の霊は、近未来のニューメディアの可能性について、次のように述べています。

景山民夫　見えてるのは、メディア文化事業みたいなものが、やっぱり、もっともっと大きーくなってきてるような感じがしますねえ。ある意味でのニューメディアになってるような感じがしてしかたがない。（中略）
今、テレビ局や、新聞や、ラジオや、インターネットなど、いろいろなものがあるとは思うんですけども、一つのニューメディアみたいなものの基盤になるような感じがしてしかたがないんですよ。
そういう意味での、発明家のような方や、新しい起業アイデアを持ったような方が、今の若い世代のなかから出てくるんじゃないでしょうかねえ。
だから、もう新聞とかテレビとかは、実は後れた旧メディアであって、もうちょっと新メディアが出てくるような感じがしますね、私は。

（『小説家・景山民夫が見たアナザーワールド』130〜131ページ）

文学の歴史を考えてみると、15世紀まではごく少数の人々のものでした。「ヨーロッパ中世では、文化の支配者であった聖職者すら大部分文盲で、むしろ文学など余計なゼイタク品視されていた」くらいだったので、一般大衆に至っては字を読める人はほとんどいませんでした。

しかし、イタリアでルネッサンスが始まっていた15世紀にグーテンベルグによって活版印刷術が発明されると、一般大衆にまで文字文化の裾野が広がっていきました。それまでの文学は、大量生産にむかない木版や写本だったため、演劇や伝承、口頭伝言などを模写するのが精一杯でしたが、しだいに文字によって新しい考え、新しいイメージをつくり出し、それを伝えるという方向に進んでいったのです。

15世紀後半には、８００万冊の印刷刊行物のうち、宗教書が45％、次に文学書が30％占めており、科学書も10％を占めていたといわれています。さらに16世紀になると、文学書のベストセラーがあらわれるようになっていきました。

つまり、書籍も科学的な発明や技術革新をきっかけに登場した、ニューメディアだったのです。新時代に活躍するニューメディアの開発は、新しい時代の可能性を探るとてもエキサイティングな取り組みです。まずは映画産業のなかで技術革新を繰り返し、将来的にはニューメディアを開発して、学生たちと一緒に新しい時代を切り拓きたいと思っています。

政治・ジャーナリズムとの相乗効果

さて、HSUの未来創造学部では、人の心をつかむ「感性」を、特に「政治」と「芸能」に共通するリーダーの資質として捉え、同学部内に「政治・ジャーナリズム専攻コース」と「芸能・クリエーター部門専攻コース」の2つを用意しています。

これらの分野は、現代における民主主義下において、メディアを通してマクロ的な影響力を発揮し、リーダーシップを発揮しなくてはならないという点で、体得すべきスキルが非常に似ているからです。

大川総裁は、次のように述べています。


俳優には、いろいろなタイプの人がいますし、多くの人を使って、彼らを適役で配し、物語をつくっていくのですが、それは軍事でも同じなのかもしれません。それぞれの適性に合った役につけ、演じさせてドラマをつくっていくわけです。

（『項羽と劉邦の霊言　劉邦編』197ページ）


確かに、現代は「メディア戦」かもしれません。ここで勝った者が、最終的には勝つのではないでしょうか。

政治家も、メディアには思いどおりにやられています。抵抗するのは、非常に大変でしょう。やはり、「メディアを制した者」が政治にも勝つわけです。

（『項羽と劉邦の霊言　劉邦編』201ページ）

熊本大学文学部コミュニケーション情報学科の平野順也《ひらのじゅんや》准教授は、マスメディアが普及している現代社会において、議論によって進められる理想的な政治活動と劇場的効果によって進められる政治活動の間には、明確な境界線を引くことは不可能だと指摘しています。

テレビが普及し始めた1950年代、フランス第18代大統領シャルル・ド・ゴール（1890‐1970）は、いちはやくテレビを使って国民に呼びかけるようになりました。アメリカのリチャード・ニクソン元大統領（1913‐1994）は、「ドゴールは、政治というものが、その本質はともかく、手段において演劇に似ているのを知っていた。そして、彼が政治的な意志を通し得たのも、一つには演技力をマスターしていたからである」と分析しています。

同じ頃、日本で総理大臣に対して、テレビに出演するように必死に説得していたのが、演出家で劇団四季の創設者のひとりでもある浅利慶太《あさりけいた》です。彼は、長い期間にわたって演出家の立場から歴代内閣を支えました。

この頃の日本の政治家は、マスメディアのもつ力に対して、あまり理解が進んでいませんでした。浅利は、「これからはそういう時代ではありません。政策のポイントから細部まで、解り易く大衆に訴えなければ……」と、中曽根康弘元首相をはじめ、政治家の方々に繰り返し話したといいます。

1967年、政治PRに長《た》けた美濃部亮吉《みのべりょうきち》が都知事に初当選した翌朝、中曽根は、「君の日ごろの主張を今日は実感した。これからはよろしく御指導下さい」と浅利に電話をかけます。そこから、服装やネクタイの選び方、レーガン大統領が来日したときの接待や演出まで、浅利は長年にわたって参謀として中曽根をバックアップしていきます。

なぜ、政治家にPR力が必要なのか、大川総裁は、このように述べています。

企業が「顧客目線」を忘れたら駄目なように、政治においても、「投票者目線」を忘れてはいけません。「投票者の目に自分はどう見えているか」ということを、

常に意識しないと駄目なのです。（中略）

だから、今は、遺伝子的には、宗教的に言えば「開拓伝道」の時期でしょうし、政治においては、やはり、「新しい人たちからも支持を取り付ける」ということを勉強しなければいけない時期だと思います。

そういう「人の心のつかみ方」を、すなわち、「人を動かすとは、どういうことか。人の心を動かすには、どういう力が要るのか」というようなことを、もっと勉強しなくてはいけないのです。

（『心の導火線に火をつけよ』１１５～１１８ページ）

政党の人には、時間をつくって、演技練習や発声練習、歌の練習など、「人に見られる職業」としての練習もしていただきたいと思っています。

アメリカには、俳優としては一流でなくとも、大統領を演じたら一流になった人もいますし、俳優として一流で、知事としても、そこそこ名をなした人もいま

す。
政治家としては、自分の考えを人に伝えたり、自分の存在を伝えたりすることも大事な仕事です。そうした訓練を積んでいかなければならないと考えています。

（『国を守る宗教の力』40ページ）

つまり、平野准教授が指摘しているように、「劇場化した政治を現実のものとして受け入れるならば、小泉のような政治家に敗退を帰したくない政治家は、自らの演技力を上げなければならない」のであり、「政治家が成功するには、演出されたパフォーマンス、適切な衣装、ユーモアのセンス、特徴的な髪形が重要な役割をもつ」のです。

本章の冒頭から学んできたように、現代において大きな仕事を成し遂げていくには、「論理だけではなく、共感を呼ぶ力が必要なのだ」ということです。未来創造学部の創設によって、新しい付加価値の創造を目指します。

私たちが新しく開設する未来創造学部でやりたいこと。それは、創造性や高い感性を備えたリーダーを輩出すること、つまり、新しい時代を切り拓く英雄像の探究です。「芸能・クリエーター部門専攻コース」と「政治・ジャーナリズム専攻コース」が連携して、未来を創造する感性の力を、一緒に探究していきたいと考えています。

なお、「芸能・クリエーター部門専攻コース」の学生たちにとっては、政治・ジャーナリズム専攻コースで教えられる、人々を幸福に導く政治や具体的な政策、時事問題について勉強することが、世界のリーダーとして活躍するために役に立つはずです。

日本から世界へ文化発信をしよう

未来創造学部「芸能・クリエーター部門専攻コース」と「政治・ジャーナリズム専攻コース」は、人の心をつかむことのできる新時代のリーダーを輩出し、政治・文化（芸能）の新しいモデルの探究と具体化を目指します。

さらに、「芸能・クリエーター部門専攻コース」が目指すものを、もっと具体的にいうならば、私たちは「大ヒット映画を数多く生み出したい」「日本から世界へ文化発信をしたい」「日本から新たなルネッサンスを起こしたい」ということになります。

大川総裁は、このように述べています。

要するに、「日本には、チャンバラか忍者ぐらいしか、もう見せるものはない」という文化発信がなされているのです。

それを見れば、韓国や中国が、「日本は危険な国なのだ」と思い込みたがるのも、分からないことではありません。日本人が、中国人について、「みんなカンフーができる」と思うのと同じような間違いかもしれませんが、そういうことがあるので、やはり、文化を理解すると同時に、「文化発信」も大事になると思います。

(『プロフェッショナルとしての国際ビジネスマンの条件』59~60ページ)

映画や翻訳された本など、さまざまなものを使いながら、いろいろなところへ文化輸出もして、壁を破れるものなら破っていきたいと思います。

また、アメリカのほうには、日本の文化が大して入らないのですが、少しずつ穴を開けて、広げていかねばならないでしょう。(中略)

日本が文化発信をして他の国を啓蒙するという点で、まだまだ力が足りないことを意味しているわけです。

やはり、もう一段の文化発信ができるようになればよいと考えておりますが、

そのためには、教団全体として、もう一段のレベルアップが望まれるのではないかと思います。

（『時代の扉を押し開けよ』68〜69ページ）

やはり、日本発の芸術を、日本から発信される芸術を、もう少し出していくことが、大事なのではないかと思います。

（2012年4月15日法話「幸福の科学大学と未来社会」「質疑応答」）

つまり、本書の結論としては、「ハリウッドのよいところを学んだ上で、これからは日本から新しい美を打ち出すことが重要だ」ということです。ハリウッドには学ぶべき点が数多くありますが、すべてを真似すればよいというわけではありません。大川総裁は、アメリカンモデルについてこのように指摘します。

アメリカンモデルは、まだ進んでる面もあるんですけれども、破綻したものもかなり増えてきており、まねをしたら大変なことになる面もありますね。

（２００８年５月18日法話「自分を磨く」）

アメリカンモデルによるならば、「では、日本はこれから銃社会に入っていくつもりなのか」ということになります。各家庭で拳銃を所持して、他人が無断で入ってきたら撃ち殺す準備をし、時々、休日には射撃訓練に行かなければいけないような時代を選ぶのでしょうか。

あるいは、最近は、女優や俳優が、麻薬や覚醒剤を使用して逮捕され、マスコミが大騒ぎしていますが、そのように麻薬が流行る時代が日本にも来るのでしょうか。（中略）

いろいろな時代選択はあると思いますが、今、先進国モデルを見ると、必ずしも健全な発展とは思えないものもかなりあります。まねをすると社会が不健全になるものについては、あまりまねをしないほうがよいでしょう。したがって、新しいモデルをつくるべき時期が、今、来ているのではないかと思います。

（「宗教立国こそ、世界を導く新しい国家モデル」月刊「幸福の科学」通巻２８２号：２０１０年８月号）

ハリウッド映画のマイナス面として、たとえば、暴力的な作品が多い点が挙げられます。多くの作品に汚い言葉が使われており、人々を「善に導くもの」と「そうでないもの」がごちゃまぜになっているのです。

大川総裁は、以下のように述べています。

ハリウッド映画には、とてもではありませんが、読めたものでも聞けたものでもない英語が、たくさん入っています。

脚本を書いている人がいるはずですが、「よく、こんな英語を使ったな」と思う

ようなところが、たくさんあるのです。また、台詞《せりふ》で入っていると言わざるをえないのでしょうが、それを、一流の俳優がしゃべるときの〝汚さ〟には何とも言えないものがあります。

（『「国際教養概論」講義』40〜41ページ）

「芸能・クリエーター部門専攻コース」で、「美」をテーマに講義をする愛染美《あいぜんみ》星《ほし》ビジティング・プロフェッサーは、大川総裁との対談で「アメリカに美を感じないのはなぜか」と質問しました。

大川総裁は、その質問に対して次のように答えています。

それは、単に「歴史がない」からですよ。古代と中世がないのです。「古代と中世がない」というのは、つまり、「王様がいなかった国だ」ということですよね。アメリカは、王様がいなかった国なので、君主の一流好みの経験が、文化とし

てありません。そのため、みんな、「サラリーマンで成功したレベルの成功」しか経験がないのです。

（『美の伝道師の使命』101〜102ページ）

アメリカは建国からまだ240年しか経っていない若い国です。一方で、日本は2000年を超える偉大な歴史をもつ国です。

特に平安時代には、紫式部《むらさきしきぶ》などの女流文学家や小野小町《おののこまち》などの女性歌人を輩出するなど、世界に先駆けた文化の高みを築いていました。長い年月をかけて日本独特の美や感性を磨き、世界に誇れる文化をもっていることを忘れてはならないでしょう。

新しいルネッサンスの時代へ

日本から世界へ文化発信をするには、まず日本文化のすばらしさを見直すことが重要ではないかと思います。

日本はアメリカより文化的に劣っているかというと、決してそんなことはありません。むしろ、歴史的にはずっと高みのある文化を築いてきました。

大川総裁は、以下のように述べています。

日本は、第二次世界大戦が終わってから立派な国になったのではなく、昔の日本も優れていました。先の大戦が起きる前から、日本は「世界の五大強国」の一つと言われていたのであり、敗戦後にゼロから発展したわけではありません。（中略）

日本は、明治維新以降、非常に頑張りましたし、明治維新以前の徳川時代を

見ても、けっこう文化的には高く、百万都市であった江戸は、その当時、世界で、ほかにはないレベルの都市だったと言われています。

日本では、武士がつくった政権にも、立派なものがたくさんありました。

また、平安時代には女流文学が栄えたぐらいなので、時代をかなり先取りしています。世界では、近代になってから、女流文学者が出てきて、世間に認められたりしていますが、日本では、すでに平安時代に女流文学者が出ていたのです。彼女たちは、世界的には千年も時代を先取りする先駆者たちです。

（『未来の法』129〜130ページ）

「第一のルネッサンス」は、平安期ということです。

なお、小野小町は、「六歌仙《ろっかせん》」や「三十六歌仙」といわれるなかにも入っていますが、平安期には、女性か男性かも、身分の上下も関係なく、歌で有名な方がいました。

その背景を経済学的に分析すれば、ある意味で、貴族文化として富の集中があったのだと思うのです。

庶民はそれほどではないでしょうが、そういう貴族文化を支える富の集中があって、歌を詠んだり、蹴鞠をしたりといった、いろいろな文化ができたのです。今の皇室に伝わっている文化も、このあたりのものをかなり引いているだろうとは思います。

平安時代には、そういう高みは非常にあったのではないでしょうか。これは、ある意味での、日本の第一のルネッサンスだったと思われます。

（『美とは何か――小野小町の霊言――』21～23ページ）


さらに、大川総裁は、「現代のアメリカ」より「日本の平安時代」のほうが、霊的知識についてよく理解されていたと指摘しています。実際に映画「ザ・リング」（2002）をはじめ、ハリウッドでも日本のホラー映画は霊的な側面の掘り込みが深いのか、高く評価され、数多くリメイクされています。

平安時代の陰陽師の世界観等と比べると、例えば、幽霊や悪魔系の現象を描いた現代のアメリカ系のホラー等は、やはり、「踏み込みが甘い」というか、本質まで届いていないのです。物理的なフォース（力）のところで描こうとしているけれども、その霊的な本質まで届いておらず、要するに、「研究が届いていない」という感じが非常に強くします。

（『美とは何か——小野小町の霊言——』18ページ）

日本は敗戦によって自信をなくし、自らのすばらしさを見失っていますが、誇りを取り戻すべきときがきています。世界を導くリーダーになっていこうとする今こそ、日本のすばらしさや底力を見直すときではないでしょうか。

その先に、ＨＳＵはさらに大きな「新文明の創造」というビジョンを描いています。

大川総裁は以下のように述べています。

以前、何度か説いたこともありますが、今、時代は大きな歴史の転換点にあります。

ギリシャから興って西に回った文明は、アメリカへ渡り、今、日本に流れ込んでいます。また、東洋の文明も、インドから始まって中国に渡り、日本に流れてきています。大きな歴史の流れから見ると、今、日本に、東西の両文明を統合した、新しい大きな文明が生まれようとしているのです。

そして、東西の文明が日本に流れ込んできたように、今後、日本に生まれる新しい文明が、世界に流れていく時代が来る。そういうことが予想されるのです。

（『勇気の法』１８２〜１８３ページ）

46ページにも登場しましたが、イギリスの歴史学者にアーノルド・トインビー（1889‐1975）という人がいます。トインビーは、西欧中心の歴史観から脱却し、人類の歴史を多数の文明の興亡の歴史として捉え、日本の文化をひとつの文明と見なして論じた人物です。

トインビーは日本文明を論じる際に、天皇制の伝統を守りつつ外国の優れた文化・技術を大胆に取り入れて急速な近代化を果たした独自性に注目し、日本を西洋と東洋の文化が融合する場として捉えました。また、文明同士が空間的に出会う際に重要なことは、それによって「高度宗教」が誕生することであるとも考えていました。

また、ある学者は、「この国は、『大乗仏教』や『八百万《やおよろず》の神々』の国であり、多様な精神、思想、文化を、しなやかに取り入れ、共存させ、見事に融合させていく叡智をもった国である。そうであるならば、これから西洋文明と東洋文明の融合が起こるとき、この日本という国は、その融合の舞台となっていかなければならない」と、日本を東西文化の融合の舞台として捉えています。
その際に必要な精神は、どのようなものでしょうか。

アメリカは、ステイツ（合衆国）に対する信仰、要するに、そうした「諸州が集まって一つの国をつくるのだ」ということに対し、「みんなが、それを承認して参加したい」ということでもって政治ができている国です。

一方、日本の場合は、「神に向かって、みんながまとまろう」としてできている国であるわけで、それを忘れてはならないと思います。

そういう意味で、日本は世界に誇るものを数多く持っています。

歴史的には、いろいろなものの形がなくなっていくし、日本は「木の文化」なので、遺っているものは少ないでしょう。古い時代のものは、石や、そうしたものでつくっていないので、遺っていないものもありますが、現実には、世界に誇るべきものがあることを知っていただきたいと思います。

また、「最低でも二千年は統一国家を維持してきた」ということは、やはり、日本の神々には、そうとうの力があったし、思い入れもあったのです。

その意味で、日本は、世界の手本になるべきものを数多く持っているし、われわれは、そういうものを発見して、次に、これを世界に出していくときが、今来ているのではないかと思います。

（『日本建国の原点』58〜59ページ）

この大学については、もちろん、日本的な伝統も、外国のなかのよきものも取り入れていくつもりですし、宗教にありがちな、単なる科学否定型のものでもありません。科学的なものも受け入れていくつもりですし、さまざまな学問的なものも受け入れていくつもりではあります。

また、他宗教についても、もちろん、「さまざまな宗教のよいところは受け入れていく。長所に学んでいく」という考え方は持っています。幸福の科学という独自の宗教を背景には持っておりながらも、「他宗教のなかのよきものは、学び、吸収していく」という観点を持っているのです。

その意味で、私は、日本の思想として、今、新たに考え方を再構成して、日本発の新しい学問をつくり、それを世界に、逆に輸出していけるようなかたちにしたいわけです。

そのための先端的な機関、先進的な機関として、「幸福の科学大学」というものがあればよいと考えています。

（『幸福の科学大学創立者の精神を学ぶⅠ（概論）』45〜46ページ）


幸福の科学大学の理念について、別な言葉で言えば、「日本の未来を建設する」ということです。ここに、すべてが集約されていると思います。それは、「日本という国家が未来に存続しうるための条件」でもあります。

つまり、幸福の科学大学は、「日本の国を再創造し、もう一度の発展をつくる」

と同時に、やはり、「世界のリーダーとして、世界を発展させるための礎となる」ということです。

大きな表現をするならば、「幸福の科学大学を『新文明の源流』『新文明の発信基地』にしたい」という気持ちを、私は強く強く持っているのです。

（『教育の使命』１８９ページ）

２０１０年６月、経済産業省製造産業局に「クール・ジャパン室」が開設されました。また、２０１５年10月13日、総理大臣官邸で第１回「日本の美」総合プロジェクト懇談会を開催するなど、日本政府も努力はしているようですが、まだ大きな成果には結びついていないようです。

幸福の科学の仏法真理がベースとなった新しい文明を拓くために、私たちは芸術の分野でのろしを上げます。世界の人々を幸福にする文化を築き、世界のリーダーとして人々を幸福へと導いていく——。大川総裁の仏法真理を学んでいると、そんな未来ビジョンがありありと見えてきます。

本書第1章ではハリウッド映画産業の「5つの強さ」を、第2章ではウォルト・ディズニーの「5つの遺伝子」を紹介してきました。その目的は、単に売れる映画をつくればいいとか、人が集まるテーマパークをつくればいいというものではありません。人々を幸福にしようと導いておられる神仏の理想を実現するためなのです。

ウォルト・ディズニーは霊言『ウォルト・ディズニー「感動を与える魔法」の秘密』において、「神秘の力や奇跡をブレイクダウンしていけば、ディズニーランドの秘密になる。私たちは、神秘や奇跡を人間の業《わざ》で実現している」ということを語っています。これは、見方を変えれば、「ディズニーは、平凡な人でも〝魔法〟が使えるようになる遺伝子を持っている」といえるでしょう。

世界一の映画産業を誇るハリウッドにしてもそうです。彼らは、映画によって「世界一、人を楽しませる力」を持っているのです。

私たちには神仏の理想をかたちにするノウハウが必要です。多くの人々を幸福にする作品力や、悩める人の心を救う作品力も必要です。独善的な価値観だけを振りかざして自己満足しているだけでも、理想はかないません。

その上で、私たちは「人々の幸福や、魂の成長に寄与するものか」を問います。現在、クリエーターにとっては商業的に儲かるかどうかが重視されがちで、作品の善悪が問われることはありませんが、そこにアンチテーゼを出していくことも未来創造学部の役割です。こうしたことを意図的に企画し、制作しているところは今のところ、世界のどこにもありません。

幸福の科学教学を学んでいる私たちがこうした世界№1の遺伝子を学ぶことで、神仏の理想を作品に表現し、かたちにしていくことができます。

私たちはハリウッドの映画産業のよい点を取り入れ、そこに日本的なものを付加しながら、今までになかった新しい文化モデルを具体化していきたいと考えています。新たなるルネッサンスの時代を迎えるために、幸福の科学の宗教的価値観に基づいて新しい文化を築き、日本から世界へ発信していきます。

ＨＳＵ未来創造学部「芸能・クリエーター部門専攻コース」に学ぶ方々こそ、そのすばらしい舞台の主役を演じる方々であると確信しています。

あとがき

本書は、2016年4月に新設された未来創造学部の「芸能・クリエーター部門専攻コース」コース長の立場から、世界最大のアメリカのエンターテインメント産業の歴史や現状を紹介しつつ、未来に向かって、日本発の新しい文化・芸術の創造の可能性とその目指すべき方向性を語りました。どのような感想を持たれたでしょうか。

私が、ハリウッドの映画・音楽・テーマパーク企業に18年勤務してきた経験から見て、アメリカの娯楽産業の作品力は、「創造性」や「人の心をつかむ力」などの点において、他国と比べてまだまだ一日《いちじつ》の長《ちょう》があると感じます。現在という時点で見れば、アメリカの世界での市場占有率の高さ、技術革新の速さ、海外への流通力の強さなどに現れています。

しかし、本書で指摘した通り、ハリウッドにもその限界があります。それは、もっと視界を広くすれば、単なるハリウッドの企画力や作品力レベルの問題ではないかも知れません。もっと大きな時間の流れのなかで、キリスト教・ユダヤ教を中心とする西欧的な文化的価値観に限界が来ているといい換えてもよいでしょう。今までは、アメリカ的正義には世界の正しさの基準として現実的な問題解決に効力があったともいえます。しかし、そろそろ耐用年数が切れてきていることを感じている人も多くいます。

アメリカ的正義を超える新たな思想として「人間を幸福にする根本的思想」を世界に広める者が出て来るならば、現在の王者であってもその座を引き渡す時期が来るのだと思います。その「人間を幸福にする思想」を文化・芸能の分野において表現し、発信しようとしているのが、未来創造学部の「芸能・クリエーター部門専攻コース」とその学生たちであります。

今、時代は大きな歴史の転換点にあります。ＨＳＵは「新文明の創造」のために創立されました。エル・カンターレ信仰のもとに、人間を幸福にする文化・芸術を興し、かつて、ギリシャから興った西洋文明とインドから始まった東洋文明が、日本に流れ込んできたように、今後日本に生まれる新しい文明が、世界に流れていく時代が来ることを心より願ってやみません。

最後に、日々ご指導を下さっている主エル・カンターレ、大川隆法総裁先生に心より感謝致します。

２０１６年3月28日
ハッピー・サイエンス・ユニバーシティ プロフェッサー

未来創造学部　芸能・クリエーター部門専攻コース担当局長

中田昭利

文献一覧

【引用・参考文献】


大川隆法．『幸福の科学大学創立者の精神を学ぶⅡ（概論）』．幸福の科学出版．２０１４．

同右．『美の伝道師の使命』．幸福の科学出版．２０１５．

同右．『勇気への挑戦』．幸福の科学．２００９．

同右．『美について考える』．幸福の科学．２０１５．

同右．『項羽と劉邦の霊言 劉邦編』．幸福の科学出版．２０１４．

同右．『映画監督の成功術　大友啓史監督のクリエイティブの秘密に迫る』．幸福の科学出版．２０１５．

同右．『日本建国の原点』．幸福の科学出版．２０１５．

同右．『宇宙人による地球侵略はあるのか』．幸福の科学出版．２０１１．

同右．『大川総裁の読書力』．幸福の科学出版．２０１３．

同右．『日本の繁栄は、絶対に揺るがない』．幸福の科学出版．２００９．

同右．『創造の法』．幸福の科学出版．２００９．

同右．『未来の法』．幸福の科学出版．２０１２．

同右．『逆転の経営術』．幸福の科学出版．２０１３．

同右『ウォルト・ディズニー「感動を与える魔法」の秘密』幸福の科学出版　2014
同右『どうすれば仕事ができるようになるか』幸福の科学　2014
同右『常勝の法』幸福の科学出版　2002
同右『常勝思考』幸福の科学出版　1995
同右『成功の法』幸福の科学出版　2004
同右『「経営成功学」とは何か』幸福の科学出版　2013
同右『希望の法』幸福の科学出版　2006
同右『心を育てる「徳」の教育』幸福の科学出版　2016
同右『「人間幸福学」とは何か』幸福の科学出版　2013
同右『小説家・景山民夫が見たアナザーワールド』幸福の科学出版　2013
同右『心の導火線に火をつけよ』幸福実現党　2014
同右『国を守る宗教の力』幸福実現党　2012
同右『プロフェッショナルとしての国際ビジネスマンの条件』幸福の科学出版　2013
同右『時代の扉を押し開けよ』幸福の科学　2016
同右『「国際教養概論」講義』幸福の科学出版　2015
同右『美とは何か――小野小町の霊言――』幸福の科学出版　2015
同右『勇気の法』幸福の科学出版　2009

同右『幸福の科学大学創立者の精神を学ぶI（概論）』幸福の科学出版 2014
同右『教育の使命』幸福の科学出版 2013
大川隆法×大川宏洋『公開対談 幸福の科学の未来を考える』幸福の科学出版 2011
「ヤング・ブッダ」通巻123号：2014年3月号 日本発の「世界最高の思想」を目指して
幸福の科学
「アー・ユー・ハッピー？」通巻136号：2015年10月号「UFO後進国日本」に目覚めを
幸福の科学出版
月刊「幸福の科学」通巻305号：2012年7月号『不滅の法』講義③ 幸福の科学
「ザ・リバティ」通巻254号：2016年4月号 経済発展をもたらす「感動」の力 幸福の科学出版
月刊「幸福の科学」通巻282号：2010年8月号 宗教立国こそ、世界を導く新しい国家モデル
幸福の科学
大川咲也加『大川咲也加の文学のすすめ～日本文学編～』幸福の科学出版 2015
北野圭介『ハリウッド100年史講義』平凡社新書 2001
ドリュー・キャスパー＋NHK「ハリウッド白熱教室」制作班『ハリウッド白熱教室』大和書房
2015
亀井俊介『サーカスが来た！』岩波書店 1992

ニール・ゲイブラー．『創造の狂気 ウォルト・ディズニー』．ダイヤモンド社．２００７．

大友啓史．『クリエイティブ喧嘩術』．ＮＨＫ出版．２０１３．

ＨＳエディターズ・グループ．『宇宙時代がやってきた！』．幸福の科学出版．２０１５．

奈良橋陽子．『ハリウッドと日本をつなぐ』．文藝春秋．２０１４．

能登路雅子．「ディズニーの帝国」．「立教アメリカン・スタディーズ」．第27号．立教大学アメリカ研究所．２００５．

「日経ビジネス」．２００２年1月7日号．「ディズニー総帥が初めて語るミッキーマウス不滅の帝国」．日経ＢＰ社．

能登路雅子．『ディズニーランドという聖地』．１９９０年7月20日．岩波新書．

「週刊ダイヤモンド」．２０１２年2月18日号．「ディズニーの『裏側』世界最強ブランド大解剖！」．ダイヤモンド社．
Ｔ．Ｇ．バックホルツ．『伝説の経営者たち』．日本経済新聞出版社．２００８．
ＮＰＯ法人ＷＩＬディズニー国際カレッジ・プログラム運営事務局．『ディズニー白熱教室』．三笠書房．２０１３．

原田尚彦＋石見泰介編著．『ＨＳＵテキスト３ 経営成功学入門』．ＨＳＵ出版会．２０１５．
Ｐ．Ｆ．ドラッカー．『テクノロジストの条件』．ダイヤモンド社．２００５．
ダニエル・ピンク．『ハイ・コンセプト』．三笠書房．２００６．

奥村高明.『エグゼクティブは美術館に集う』. 光村図書出版. 2015.
野副正行.『ゴジラで負けてスパイダーマンで勝つ』. 新潮社. 2013.
エド・キャットムル＋エイミー・ワラス.『ピクサー流 創造するちから』. ダイヤモンド社. 2014.
多田道太郎.『複製芸術論』. 勁草書房. 1962.
平野順也.「文化消費の劇場政治」.「文学部論叢」. 第95号. 熊本大学文学部. 2007.
浅利慶太.「中曽根康弘総理の忘れ得ぬ夜」.「文藝春秋」. 平成十六年四月号. 文藝春秋.
トインビー.『世界の名著61』. 中央公論社. 1967.
田坂広志.「オルタナティブ文明論」.「オルタナ」通巻第26号. オルタナ. 2011.

著者＝中田 昭利（なかた・あきとし）

1954年、東京生まれ。1980年一橋大学卒。1993年UCLA大学院卒。ウォルト・ディズニー・ジャパン株式会社ディズニー・ミュージック・グループ アジアパシフィック・日本代表として、「ディズニー・オン・クラシック」を企画製作。2010年より幸福の科学に奉職。幸福の科学出版国際出版部部長を経て、現在、ハッピー・サイエンス・ユニバーシティ未来創造学部 芸能・クリエーター部門専攻コース担当局長。

ハリウッドから学ぶ 世界No.1の遺伝子

2016年4月27日　初版第1刷

著者　中田　昭利

発行　HSU出版会
〒299-4325 千葉県長生郡長生村一松丙4427-1
TEL（0475）32-7807

発売　幸福の科学出版株式会社
〒107-0052　東京都港区赤坂2丁目10番14号
TEL（03）5573-7700
http://www.irhpress.co.jp/

印刷・製本　株式会社　サンニチ印刷

落丁・乱丁本はおとりかえいたします

ISBN 978-4-86395-782-4　C 0030

大川隆法「幸福の科学　大学シリーズ」 未来創造学

「未来創造学」入門
未来国家を構築する新しい法学・政治学

政治は創造性・可能性の芸術である。「国民の幸福のために国家はどうあるべきか」を政治・法律・税制のあり方から問い直す。

1,500 円

大川隆法霊言シリーズ　クリエイティブの秘密に迫る

ウォルト・ディズニー「感動を与える魔法」の秘密

世界の人々から愛される「夢と魔法の国」の創業者が語る、ひらめき、人を愛する心、細部へのこだわり、そして、リピーターをつかむコツ。ビジネスに、人生に役立つアイデア満載！

1,500 円

映画監督の成功術 大友啓史監督のクリエイティブの秘密に迫る

映画「るろうに剣心」「プラチナ・データ」大河ドラマ「龍馬伝」など、ヒット作を生みだす映画監督が、その成功法則を語る。

1,400 円

青春への扉を開けよ 三木孝浩監督の青春魔術に迫る

映画「くちびるに歌を」「僕等がいた」など、三木監督が青春映画で描く「永遠なるものの影」とは何か。世代を超えた感動の秘密とは。

1,400 円

※表示価格は本体価格（税別）です。

大川隆法「幸福の科学　大学シリーズ」　未来創造学

美の伝道師の使命
美的センスを磨く秘訣

「表現美」、一流の人間が醸し出す美、心と美の関係など、人生や一流の仕事、クリエイティブに役立つ美的センスを高める秘訣を公開！

1,400円

大川隆法霊言シリーズ　クリエイティブの秘密に迫る

「宮崎駿アニメ映画」創作の真相に迫る

次々とヒット作を打ち出す秘密から、監督自身の映画観、人生観、政治観まで。アニメ界の巨匠の知られざる本質に迫る。

1,400円

AKB48 ヒットの秘密
マーケティングの天才・秋元康に学ぶ

人の心をつかむ秘訣、ヒットを生み出すマーケティング、勝機をつかむ心構え。AKBを国民的アイドルにした秋元康のプロデュースの極意とは。

1,400円

手塚治虫の霊言
復活した“マンガの神様”、夢と未来を語る

マンガの神様と呼ばれ、数多くの名作を生み出した手塚治虫が語る、創造力を思いのままに発揮するための秘密。

1,400円

幸福の科学出版刊

ハッピー・サイエンス・ユニバーシティ 未来創造学部テキスト

HSUテキスト7
未来創造学入門Ⅰ(上)

泉聡彦 編著

未来創造学部必修授業テキスト。ディーンが語る、「自由からの繁栄」を実現する日本発の新たな政治モデルとは。

1,500円

HSUテキスト12
未来創造学入門Ⅱ

泉聡彦・中田昭利・松本弘司・小田正鏡・愛染美星 編著

未来創造学部 芸能・クリエーター部門専攻コースのオールスターで贈る、俳優やタレント、クリエーターなどを目指すための必修テキスト。

1,500円

新時代のクリエイティブ入門
未来創造こそ、「天才」の使命

松本弘司

「常識」を打ち破り、新しい時代を切り拓け! 時代をつくる新しい「クリエーター論」「人材論」とは。

1,100円

感動を与える演技論
心を揺さぶる感性の探究

小田正鏡

未来創造学部 芸能クリエーター部門専攻コースで教鞭をとる著者が語る、未来を創造する力。人の心をつかみ、夢をかなえるプロフェッショナルの心構えとは。

1,100円

※表示価格は本体価格(税別)です。

ハッピー・サイエンス・ユニバーシティ 未来創造学部テキスト

理想の憲法を求めて
「新・日本国憲法 試案」の研究

佐藤悠人

長年の弁護士経験を踏まえ、大川総裁が提案する「新・日本国憲法 試案」の真の狙いを読み解き、その実現方法を探る先駆的考察。

1,100円

「奇跡」の日本近代史
世界を変えた「大東亜戦争」の真実

綾織次郎

揺れる歴史認識問題に対し、「何が正義なのか」「何が真実なのか」を真正面から論じた一作。日本人に誇りを持たせてくれる。

1,100円

GDPを1500兆円にする方法 ★
「失われた25年」からの大逆転

綾織次郎

安倍首相が「GDP 600 兆円」を掲げるなか、「GDP 1500 兆円」にする大胆かつ鋭い提案！ 国を富ませるだけでなく、読んだ人の頭をよくする書。

1,200円

愛と勇気のジャーナリズム
「ソクラテス的人間」を目指して

綾織次郎 編著

マスコミやインターネットに日々触れながら生きている私たちが、情報に振り回されずに積極的で幸福な人生を歩むための智慧が学べる。

1,100円

HSU出版会刊。★は幸福の科学出版刊。

大川隆法総裁製作総指揮 映画作品

5,122円(税込)

☆6,151円(税込)

「UFO学園の秘密」(2015)

アカデミー賞ではアニメーション部門審査対象作品に選出。アイルランドで行われた第10回ディングル国際映画祭においては、"ANIMATION DINGLE/Animated Feature Film(長編アニメ映画部門)"に選出され、上映された。

「神秘の法」(2012)

2013年ヒューストン国際映画祭では、劇場用長編部門の最高賞であるスペシャル・ジュリー・アワード(REMI SPECIAL JURY AWARD)を受賞。日本の長編アニメーション映画として初の受賞となった。

5,122円(税込)

☆6,151円(税込)

「ファイナル・ジャッジメント」(2012)

5,122円(税込)

☆6,151円(税込)

「仏陀再誕」(2009)

5,122円(税込)

☆6,151円(税込)

☆はBlu-rayです。

「永遠の法」(2006)

5,122円(税込)

「黄金の法」(2003)

5,122円(税込)

「太陽の法」(2000)

5,143円(税込)

天使は、見捨てない。
天使に
I'm fine!
アイム・ファイン
製作総指揮/大川隆法
雲母(きらら)　芦川よしみ　金子昇　清水一希　合香美希
原作/『アイム・ファイン』大川隆法(幸福の科学出版)
監督・脚本/園田映人　音楽/大門一也　製作:ニュースター・プロダクション　制作プロダクション:ジャンゴフィルム　配給:日活　配給協力:東京テアトル
©2016ニュースター・プロダクション
5つの傷ついた心に、奇跡を起こす ―
G
3.19(SAT)ROADSHOW
www.newstar-pro.com/tenshi/
NIKKATSU

Welcome to Happy Science!
幸福の科学グループ紹介

「一人ひとりを幸福にし、世界を明るく照らしたい」──。
その理想を目指し、幸福の科学グループは宗教を根本《こんぽん》にしながら、
幅広い分野で活動を続けています。

宗教活動

幸福の科学【happy-science.jp】

- 支部活動【map.happy-science.jp（支部・精舎へのアクセス）】
- 精舎（研修施設）での研修・祈願【shoja-irh.jp】
- 学生局【03-5457-1773】
- 青年局【03-3535-3310】
- 百歳まで生きる会（シニア層対象）
- シニア・プラン21（生涯現役人生の実現）【03-6384-0778】
- 幸福結婚相談所【happy-science.jp/activity/group/happy-wedding】
- 来世幸福園（霊園）【raise-nasu.kofuku-no-kagaku.or.jp】

来世幸福セレモニー株式会社【03-6311-7286】

株式会社 Earth Innovation【earthinnovation.jp】

30th
おかげさまで30周年
2016年、幸福の科学は
立宗30周年を迎えました。

社会貢献

ヘレンの会（障害者の活動支援）【helen-hs.net】
自殺防止活動【withyou-hs.net】
支援活動
- 一般財団法人
「いじめから子供を守ろうネットワーク」【03-5719-2170】
- 犯罪更生者支援

国際事業

Happy Science 海外法人
【happy-science.org（英語版）】【hans.happy-science.org（中国語簡体字版）】

教育事業

学校法人 幸福の科学学園
- 中学校・高等学校（那須本校）【happy-science.ac.jp】
- 関西中学校・高等学校（関西校）【kansai.happy-science.ac.jp】

宗教教育機関
- 仏法真理塾「サクセスNo.1」（信仰教育と学業修行）【03-5750-0747】
- エンゼルプランV（未就学児信仰教育）【03-5750-0757】
- ネバー・マインド（不登校児支援）【hs-nevermind.org】
  - ユー・アー・エンゼル！運動（障害児支援）【you-are-angel.org】

高等宗教研究機関
- ハッピー・サイエンス・ユニバーシティ（HSU）

政治活動

幸福実現党【hr-party.jp】
- <機関紙>「幸福実現NEWS」
- <出版>書籍・DVDなどの発刊
- 若者向け政治サイト【truthyouth.jp】

HS政経塾【hs-seikei.happy-science.jp】

出版 メディア 関連事業

幸福の科学の内部向け経典の発刊

幸福の科学の月刊小冊子【info.happy-science.jp/magazine】

幸福の科学出版株式会社【irhpress.co.jp】
- 書籍・CD・DVD・BDなどの発刊
- <映画>「天使に"アイム・ファイン"」【newstar-pro.com/tenshi】ほか9作
- <オピニオン誌>「ザ・リバティ」【the-liberty.com】
- <女性誌>「アー・ユー・ハッピー？」【are-you-happy.com】
- <書店>ブックスフューチャー【booksfuture.com】
- <広告代理店>株式会社メディア・フューチャー

メディア文化事業
- <ネット番組>「THE FACT」【youtube.com/user/theFACTtvChannel】
- <ラジオ>「天使のモーニングコール」【tenshi-call.com】

スター養成部（芸能人材の育成）【03-5793-1773】

ニュースター・プロダクション株式会社【newstar-pro.com】

NEW STAR PRODUCTION ニュースター・プロダクション

ニュースター・プロダクション(株)は、世界を明るく照らす光となることを願い活動する芸能プロダクションです。2016年3月には、ニュースター・プロダクション製作映画「天使に"アイム・ファイン"」を公開しました。

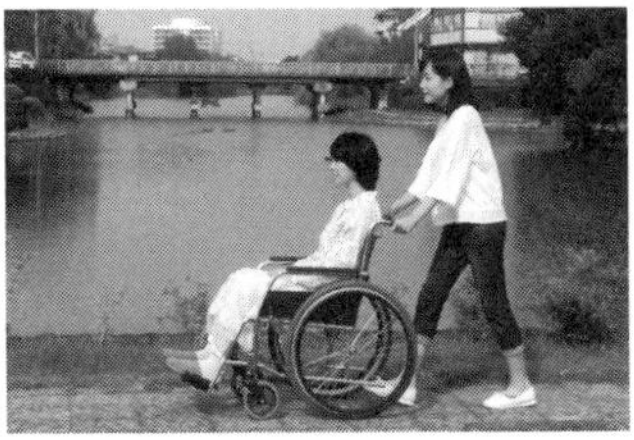

映画「天使に"アイム・ファイン"」のワンシーン(左)と撮影風景(右)。

スター養成スクール

私たちは魂のオーラを放つ、幸福の科学オリジナルスターを目指しています。

神様の代役として、人々に愛や希望、あるいは救いを与えるのがそうしたスターやタレント達の使命なのです。

(「『時間よ、止まれ。』−女優・武井咲とその時代」より)

レッスン内容

●Power of Faith(信仰教育) ●芸能基礎レッスン(日舞、バレエ) ●演技レッスン ●ジャズダンス ●ボーカルレッスン

スター養成スクール生大募集!

小学校1年生~25歳までのスターを目指す男女(経験不問)。
電話:03-5793-1773